現場で使える
認知症ケア便利帖

田中 元 著
hajime tanaka

翔泳社ecoProjectのご案内

株式会社 翔泳社では地球にやさしい本づくりを目指します。制作工程において以下の基準を定め，このうち4項目以上を満たしたものをエコロジー製品と位置づけ，シンボルマークをつけています。

資材	基準	期待される効果	本書採用
装丁用紙	無塩素漂白パルプ使用紙 あるいは 再生循環資源を利用した紙	有毒な有機塩素化合物発生の軽減（無塩素漂白パルプ） 資源の再生循環促進（再生循環資源紙）	○
本文用紙	材料の一部に無塩素漂白パルプ あるいは 古紙を利用	有毒な有機塩素化合物発生の軽減（無塩素漂白パルプ） ごみ減量・資源の有効活用（再生紙）	○
製版	CTP（フィルムを介さずデータから直接プレートを作製する方法）	枯渇資源（原油）の保護，産業廃棄物排出量の減少	○
印刷インキ*	植物油を含んだインキ	枯渇資源（原油）の保護，生産可能な農業資源の有効利用	○
製本メルト	難細裂化ホットメルト	細裂化しないために再生紙生産時に不純物としての回収が容易	○
装丁加工	植物性樹脂フィルムを使用した加工 あるいは フィルム無使用加工	枯渇資源（原油）の保護，生産可能な農業資源の有効利用	

* パール，メタリック，蛍光インキを除く

本書内容に関するお問い合わせについて

■ 本書に関するお問い合わせ，正誤表については，下記のWebサイトをご参照ください。

　刊行物Q&A　　http://www.shoeisha.co.jp/book/qa
　正誤表　　　　http://www.shoeisha.co.jp/book/errata

■ インターネットをご利用でない場合は，FAXまたは郵便で，下記にお問い合わせください。

　〒160-0006　東京都新宿区舟町5　（株）翔泳社 愛読者サービスセンター
　FAX番号：03-5362-3818

電話でのご質問は，お受けしておりません。

●免責事項
※本書の記載内容は，2016年7月現在の法令等に基づいています。
※本書の出版にあたっては正確な記述に努めましたが，著者および出版社のいずれも，本書の内容に対してなんらかの保証をするものではありません。
※本書に記載されたURL等は予告なく変更される場合があります。

※本書に記載されている会社名，製品名はそれぞれ各社の商標および登録商標です。
※本書では™，®，©は割愛させていただいております。

はじめに

　要支援・要介護認定を受けた人のうち、5割以上は認知症日常生活自立度Ⅱ以上というデータがあります。日常生活自立度Ⅱ以上といえば、認知症があることで、少なくとも「日常生活に支障をきたす症状や意思疎通の困難さ」が見られる状態です。

　この点を考えたとき、介護現場での業務の大半は「認知症対応」であるといっていいでしょう。介護現場で働く人としては、認知症ケアがすべてのスキルの土台となるわけです。

　認知症ケアについては、国をあげてのさまざまな研究が進み、介護現場における対応スキルもひと昔前と比べて飛躍的に進んできました。認知症をもたらす疾患には何があるのか、その特徴は何か、中核症状とBPSD（周辺症状）の関係はどうなっているか、パーソン・センタードの原則に沿ったケアとはどのようなものか──こうした知識は、介護現場で働く人であれば、すでに頭にしっかりと入っていると思われます。

　しかし、どんなに知識にふれても、いざ現場に入って認知症の人と接したとき、どこまで「その人らしい生活」を実現するためのケアができるでしょうか。BPSDが大変に激しい人の前にいきなり座ったとして、具体的にどこから何をすればいいのかについては、特に入職間もない中での現場に慣れていない人は戸惑いの連続になりがちです。

　ただでさえ、健康リスクなどを抱えている人が多いという緊張感の中、上記のような戸惑いの連続は、心と身体をすり減らすことになりかねません。これを防ぐには、認知症の人を受け入れる入口から、チームとして適切なケアの流れを築くことが必要です。

　本書は、認知症についての基本知識をベースとしつつ、現場における実際のケアをどう組み立てていけばよいかというノウハウを示しています。すでに現場で認知症の利用者と向き合っている人はもちろん、これから（不安を抱えつつ）入職しようという人、そうした人を育てようとしている管理者など、多くの人が使える書とすることを狙いました。ぜひ、現場で活用していただき、明日の認知症ケアの発展に活かしていただければ幸いです。

平成28年7月
田中　元

本書の使い方

実践シートのダウンロード方法

本書のサンプルは、以下のWebサイトから無料でダウンロードしてご利用いただけます。

『現場で使える認知症ケア便利帖』ダウンロードページ
http://www.shoeisha.co.jp/book/download/9784798146645

❶ ダウンロードページに移動後、「実践シート」というリンクをクリックしてください。

❷（Windows7以降）[ダウンロード]フォルダにファイルがダウンロードされます。
（Windows7より前）[ファイルのダウンロード]というダイアログが表示されるので、[保存]ボタンをクリックすると、[名前を付けて保存]ダイアログが表示されます。お好きな場所に保存してください。

❸（Windows7以降）❷でダウンロードした圧縮ファイルを右クリックしてコンテキストメニューの[すべて展開]をクリックし、表示されるダイアログの[展開]ボタンをクリックします。
（Windows7より前）ダウンロードしたファイルをダブルクリックします。

❹ ファイルが解凍され、シートをご利用いただけます。

ファイルにはWord形式のシートと、PDF形式のシートがあります。必要に応じて出力し、ご利用ください。Word形式のシートは、本文をご参照のうえ、ケースに応じてカスタマイズしていくとよいでしょう。見出しの横に ダウンロード対応 マークがあれば、そのシートをご用意しています。

本書の構成

本書は、5つのPartで構成されています。Part1では認知症の基本、Part2では認知症ケア計画の作成、Part3では立てた計画の共有や実践について、Part4では現場力の向上について、Part5では認知症の人を支えるさまざまな職種・資源との連携について、解説しています。

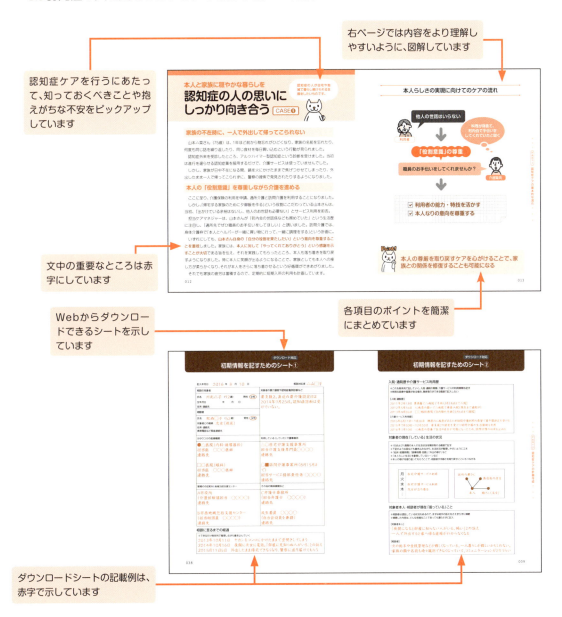

認知症ケアを行うにあたって、知っておくべきことや抱えがちな不安をピックアップしています

右ページでは内容をより理解しやすいように、図解しています

文中の重要なところは赤字にしています

Webからダウンロードできるシートを示しています

各項目のポイントを簡潔にまとめています

ダウンロードシートの記載例は、赤字で示しています

はじめに ………………………………………………………… 003
本書の使い方 …………………………………………………… 004

Part 1 認知症ケアの基本的な流れ

認知症の人の思いにしっかり向き合う　CASE❶ ……………… 012
本人の自立支援に向け信頼関係を築く　CASE❷ ……………… 014
認知症とはどのような病気なのか？ …………………………… 016
認知症の原因疾患とその特徴 …………………………………… 018
中核症状とBPSD（行動・心理症状） …………………………… 020
なぜ早期の発見と対処が大切か？ ……………………………… 022
認知症ケアの基本「パーソン・センタード」 ………………… 024
BPSD緩和に向けてのケア【環境編】 ………………………… 026
BPSD緩和に向けてのケア【疾患編】 ………………………… 028
認知症の人と暮らす家族へのケアを …………………………… 030
認知症ケアをチームで進めるために …………………………… 032
COLUMN　五感への刺激で生活意欲を引き出す ……………… 034

Part 2 認知症ケアの計画作成

認知症ケースにおける相談援助と初期情報 …………………… 036

- 初期情報を記すためのシート①、② ダウンロード対応 ……… 038
- 認知症ケアに影響する医療情報 ……… 040
- 個人情報取得・利用のための同意書 ダウンロード対応 ……… 042
- 医療情報収集のためのシート ダウンロード対応 ……… 043
- 認知症ケースでのアセスメントの取り方 ……… 044
- 認知症の人の生活像を知るためのシート①、② ダウンロード対応 ……… 046
- 基本方針となるケアプランを把握する ……… 048
- 認知症ケア計画①【課題分析】 ……… 050
- 認知症ケアのための課題分析シート①、② ダウンロード対応 ……… 052
- 認知症ケア計画②【目標設定】 ……… 054
- 認知症ケア計画シート①、② ダウンロード対応 ……… 056
- 認知症ケア計画③【支援内容】 ……… 058
- ケアチームで支援策を築いてゆく流れ ……… 060
- COLUMN 取り巻いてきた文化に「惚れる」感覚 ……… 062

Part 3 認知症ケア計画の共有と実践、モニタリング

- ケア計画をどのように動かしていくか ……… 064
- 事故リスクを抑えるための注意点を共有 ……… 066
- 現場での事故防止シート ダウンロード対応 ……… 068
- 服薬管理シート(一覧用) ダウンロード対応 ……… 069
- ケア計画実践に向けた人員配置や環境設定 ……… 070
- ケア計画をもとにした対応法をマスター ……… 072

中核症状や疾患・運動機能の悪化への対処 ……………………… 074
ケアの流れの中で「家族」の位置づけとは? …………………… 076
● 認知症の人の「家族」援助シート①、② ダウンロード対応 …… 078
ケア記録をどのように作成し活かすか? ………………………… 080
●「その人らしい生活の姿」を描くシート／
　「短期目標の進ちょく」チェックシート ダウンロード対応 …… 082
●「本人の変化に早期に気づく」ためのシート ダウンロード対応 …… 083
記録作成でPDCAサイクルを動かす ……………………………… 084
モニタリングの実践とカンファレンス …………………………… 086
● モニタリング前の「仮説」シート ダウンロード対応 ………… 088
● モニタリング用シート ダウンロード対応 …………………… 089
ケア計画の見直しに際しての注意点 ……………………………… 090
BPSDの悪化による事故などへの対応 …………………………… 092
認知症高齢者虐待の実態とは? …………………………………… 094
COLUMN 「哲学」が認知症ケアをスムーズに!? ………………… 096

Part 4　ケア計画を動かすためのスキル・現場力向上

認知症ケアに必要なスキルとは? ………………………………… 098
利用者との接し方からマスター …………………………………… 100
● 利用者との向き合い方のシート①、② ダウンロード対応 …… 102
その場の課題を察知し共有するスキル …………………………… 104
● 課題解決力を高めるための研修シート①、② ダウンロード対応 …… 106
スタッフ自らが自分を振り返る習慣づくり ……………………… 108

- 課題解決力を高めるための研修シート③ ダウンロード対応 ………… 110
- 従事者のための「相談申請」シート ダウンロード対応 ………… 111

事業所・施設での計画的な研修を ………… 112
現場の新人として最初に学ぶべきこと ………… 114
意識して実践したいスキルアップ法 ………… 116
認知症ケアにかかるスキルアッププラン ………… 118
- 認知症ケア人材「スキルアッププラン」①、② ダウンロード対応 ………… 120
- COLUMN 現場で取り組んでみたい「認知症の寸劇」 ………… 122

Part 5 認知症ケアを支える多職種・多資源との連携

多職種・多資源と連携する重要性 ………… 124
地域の多資源への働きかけが大切 ………… 126
「認知症カフェ」や「認とも」との連携 ………… 128
地域に働きかけるさまざまな企画 ………… 130
多機関によるSOSネットワーク ………… 132
認知症初期集中支援チームとの連携 ………… 134
在宅医療・介護連携事業も新しく実施 ………… 136
外部の多職種との連携を進めるために ………… 138
連携できる地域資源マップなどを作る ………… 140
- 地域の多様な資源を整理するシート①、② ダウンロード対応 ………… 142
- COLUMN 認知症の行方不明者が増え続ける中で ………… 144

巻末資料

認知症の治療薬 …………………………………………………… 146
認知症の相談窓口 ………………………………………………… 148
認知症の成年後見制度 …………………………………………… 150
国の認知症施策 …………………………………………………… 152
認知症用語集 ……………………………………………………… 156

認知症ケアの基本的な流れ

本人と家族に穏やかな暮らしを
認知症の人の思いにしっかり向き合う CASE❶

認知症の人が自宅や地域で暮らし続けられる支援をしたいものです。

家族の不在時に、一人で外出して帰ってこられない

　山本△菜さん(75歳)は、1年ほど前から物忘れがひどくなり、家族の名前を忘れたり、何度も同じ話を繰り返したり、同じ食材を毎日買い込むという行動が見られました。

　認知症外来を受診したところ、アルツハイマー型認知症という診断を受けました。当初は進行を遅らせる認知症薬を服用するだけで、介護サービスは使っていませんでした。

　しかし、家族が日中不在になる間、鍋を火にかけたままで焦げつかせてしまったり、外出したまま一人で帰ってこられずに、警察の捜索で発見されたりするようになりました。

本人の「役割意識」を尊重しながら介護を進める

　ここに至り、介護保険の利用を申請、通所介護と訪問介護を利用することになりました。

　しかし、「帰宅する家族のために夕御飯を作る」という役割にこだわっている山本さんは、当初、「出かけている余裕はないし、他人のお世話も必要ない」とサービス利用を拒否。

　担当ケアマネジャーは、山本さんが「町内会の世話係なども務めていた」という生活歴に注目し、「通所先でぜひ職員のお手伝いをしてほしい」と誘いました。訪問介護では、身体介護枠で「本人とヘルパーが一緒に買い物に行って、一緒に調理をする」という計画に。

　いずれにしても、**山本さん自身の「自分の役割を果たしたい」という意向を尊重すること**を重視しました。家族には、**本人に対して「やってくれてありがとう」という感謝を示すことが大切**である旨を伝え、それを実践してもらったところ、本人も落ち着きを取り戻すようになりました。時に本人に笑顔が出るようになることで、家族としても本人への接し方が柔らかくなり、それが本人をさらに落ち着かせるという好循環ができあがりました。

　それでも家族の疲労は蓄積するので、定期的に短期入所の利用も計画しています。

本人らしさの実現に向けてのケアの流れ

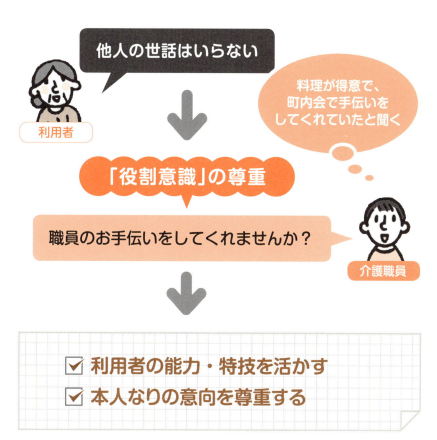

本人の尊厳を取り戻すケアを心がけることで、家族との関係を修復することも可能になる

その人らしさを保ち続けるには
本人の自立支援に向け信頼関係を築く CASE❷

有料老人ホームなどの住み替えにかかる支援の基本とは?

幻視などが特徴となるレビー小体型認知症と診断

　△木佳祐さん（72歳）は、10年前に妻を亡くしてから一人暮らしを続けてきました。ところが、半年ほど前に遠方に住む子供が訪ねたとき、誰もいない空間を指差して「今、お客さんが見えている」といったりします。また、7年前に定年退職をしているにもかかわらず「明日は朝から会社で会議がある」といった言動を見せるようになりました。

　最寄りに認知症医療疾患センターがあるので、受診したところ、レビー小体型認知症と診断されました。記憶障害はそれほどでもないのですが、幻視や幻覚が強く現れるタイプの認知症です。進行すると見当識障害やパーキンソン病のような振戦も見られるようになるということで、一人暮らしでの転倒リスクなども懸念されます。

本人のペースに合わせながら「できること」を広げる

　医師からは、レビー小体型認知症の人の受け入れ実績もあるグループホームを紹介され、さっそく入居の手続きを行いました。まずは、入居前にホームの担当者が本人を訪ね、本人の幻視や見当識にじっくり話を合わせながら、信頼関係を築きました。

　こうして信頼の下地を作ったうえで、焦らずに本人の移居をうながします。△木さんは、料理も得意だったので、積極的にホームの厨房にも立ってもらいました。もともと社交性もある人なので、ホームの他の入居者ともすぐに打ち解けました。

　ただし、レビー小体型の特徴として、「まったく何をする気も起きない」という状態が訪れることがあります。その場合は、**無理に本人を居室から連れ出したりせず、できる限り本人のペースに合わせる**ことをホームとして一番に考えています。

　もちろん、意欲が高いときには、理学療法士をつけての機能訓練も行っています。

自立支援に向けた信頼関係を築く

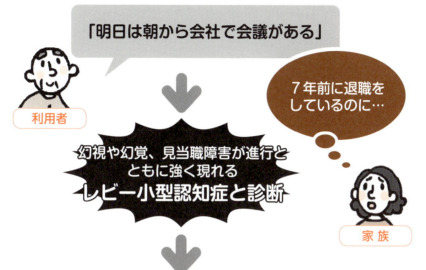

利用者:「明日は朝から会社で会議がある」

家族:7年前に退職をしているのに…

↓

幻視や幻覚、見当識障害が進行とともに強く現れる
レビー小型認知症と診断

↓

相手の信頼を得る

- ☑ 相手の混乱や困惑した気持ちに寄り添う
- ☑ 安心感を与えて、リラックスできる環境・言葉を心がける

Point! 認知症のタイプに合わせて、移居前に本人とじっくり面談。信頼関係の下地を作っておく

まずは疾患への理解をしっかりと
認知症とはどのような病気なのか?

> 認知症という病気の特性を知り、その人自身への理解を深めましょう。

認知症とは、脳の器質的・機能的な障害で起こる

　認知症とは、そもそもどのような病気でしょうか。一言でいえば、脳の器質的、機能的な障害により、物事を記憶したりする「認識する能力」が衰える病気です。

　ここでいう「器質的」とは、たとえばアルツハイマー型でいうなら最初に脳の海馬が萎縮して短期記憶障害を起こすといったように、組織が変形・破壊されている状態を指します。これに対し、「機能的」とは、脳の組織は変形しないものの、何らかの原因で脳の血流が不安定になり、神経伝達物質が異常をきたすというものです。

　ちなみに、後者の場合は、血流などを改善することで短期記憶障害などが緩和されるというケースも指摘されています。「器質的な障害」は脳が萎縮しているわけですから、改善は難しいのですが、「機能的な障害」は症状が改善される可能性もあるわけです。

アルツハイマー型とレビー小体型では、脳の障害状況が違う

　とはいえ、いずれの場合でも、専門医によるきちんとした診断を受け、そのうえで認知症をもたらす元病に沿ったケアを行っていくことが必要です。

　認知症をもたらす元病には、次の項で示すようにいろいろな種類があります。それぞれが、脳のどの部分に障害をもたらしているのかが変わってきます。

　たとえば、アルツハイマー型は、先に述べたように記憶をつかさどる「脳の側頭葉の海馬」が障害される状況が最初に見られます。これに対し、レビー小体型は、知覚や随意運動、思考などをつかさどる「大脳皮質」などにレビー小体というタンパク質がたまることで発症します。つまり、**脳の働きがどのように変わっていくのかが元病によって異なる**わけで、**本人が安心できるケアについても、進め方に影響を及ぼす**ことになります。

認知症という病気の基本を理解する

基本的な認知症とは ところが、認知症と診断される中には

脳の器質的障害である | **脳の機能的障害も**

「器質的障害」とは
脳の組織が変型したり、破壊されている状態

(例.アルツハイマー病認知症の場合、短期記憶をつかさどる「脳の海馬」が萎縮する)

「機能的障害」とは
脳の組織は変形しないが、何らかの原因で脳の血流が不安定になり、神経伝達物質がうまく働かなくなる状態

現代の医学では脳の修復は基本的に不可能

脳の血流を改善することで症状が緩和されることも

たとえば、日常のケアの中で、血流改善に有効といわれる「有酸素運動(散歩など)」や「手先を使って脳を働かせ、血流を活発にする」という方法を積極的に取り入れたい

Point!
脳の器質的・機能的な障害の内容によって、ケアのあり方も少しずつ変わってくることに注意

認知症にはどんな種類がある？
認知症の原因疾患とその特徴

認知症で、本人の言動にどのような特徴が生じるのかをつかみましょう。

主な認知症の原因疾患について、まず4種類を把握

認知症をもたらす主な原因疾患と症状の特徴は、以下のようになります。

❶アルツハイマー型認知症

認知症の人の5～6割が、これに該当します。**脳の中にアミロイドβと呼ばれるタンパク質がたまって、脳神経細胞の減少や脳の萎縮などをもたらします。**それにより、記憶障害や見当識障害（今いる場所や目の前の状況が認識できなくなること）が生じます。進行は「らせん階段」を降りるようにゆっくりですが、確実に進行していきます。

❷レビー小体型認知症

脳にレビー小体という物質が現れることで生じます。レビー小体が脳幹部分に生じるのがパーキンソン病であるのに対し、こちらは大脳皮質全体に生じます。以前は、症例は少ないとされてきましたが、認知症診断の技術が進む中で割合が高まりつつあります。**記憶障害よりも幻視や夜間せん妄などが出るのが特徴**です。

❸脳血管性認知症

脳梗塞や脳出血などの後遺症として現れる認知症です。記憶障害や見当識障害も見られますが、**意欲低下や感情のコントロールが難しくなる（感情失禁）といった特徴**があります。❶のらせん階段状の悪化に対し、こちらは階段状に突然悪化することがあります。

❹前頭側頭型認知症（ピック病など）

ここでは、ピック病を取り上げます。脳の前頭葉や側頭葉が萎縮する病気で、**記憶障害などはほとんど見られませんが、性格の変化や日常の行動に変質（自制力の低下や常同行為など）が見られるのが特徴**です。発症は、40～60歳代という初老期に集中しています。

前頭側頭型認知症には、その他に筋萎縮性側索硬化症（ALS）などがあります。

原因疾患と症状の特徴

アルツハイマー認知症

- 認知症の5〜6割が該当
- アミロイドβと呼ばれるたんぱく質がたまり、脳神経細胞の減少や脳の萎縮をもたらす
- 記憶障害や見当識障害

レビー小体型認知症

- 脳にレビー小体という物質が現れることで発症
- 記憶障害よりも幻視や夜間せん妄などが出るのが特徴

認知症の原因疾患 主な4種類

脳血管性認知症

- 脳梗塞や脳出血などの後遺症として現れる
- 意欲低下や感情のコントロールが難しくなる(感情失禁)
- 階段状に突然悪化することも

前頭側頭型認知症（ピック病）

- 脳の前頭葉や側頭葉が萎縮する病気(40〜60歳代に集中して発症)
- 記憶障害は見られないが、性格の変化や日常の行動に変質

Point!
脳のどの部分が障害を受けるかによって、知的機能や感情、行動などにもたらす影響は変わる

PART1 認知症ケアの基本的な流れ

認知症の症状のしくみを知る
中核症状とBPSD（行動・心理症状）

> 認知症の症状がなぜ生じているのかを正確につかむことが必要です。

脳の原因疾患によって直接生じるのが中核症状

　認知症の人の症状は、大きく分けて中核症状とBPSD（行動・心理症状）があります。BPSDは、中核症状に対して周辺症状とも呼ばれることがあります。

　認知症は脳の疾患が原因となりますが、それによって直接生じる症状が**中核症状**です。アルツハイマー型でいえば、記憶障害や見当識障害。レビー小体型でいえば、幻視やせん妄。脳血管性でいえば、意欲低下や感情失禁がこれにあたります。

　中核症状が生じると、周囲の対人・対環境との折り合いをつけることが難しくなります。たとえば、見当識障害によって「場所や時間の認識」が衰えれば、周囲との認識がズレていくわけで、さまざまなぶつかり合いが生じやすくなるわけです。

周囲の対応次第で、BPSDの緩和を図ることは可能

　本人としては、自分なりに折り合いをつける行動に出るわけですが、折り合いがつけにくいと、本人の反発や混乱が激しくなります。これが**BPSD**となるわけです。

　また、折り合いをつけようとする行動は、周囲の環境のみならず、自分自身の体調などによっても生じることがあります。たとえば、本人に何らかの持病がある場合、その違和感がどこからくるのかという認識が衰えるため、言動に大きな影響（極端に落ち着きがなくなったり、言動が暴力的になるなど）が生じたりするケースもあります。

　以上の点を考えたとき、中核症状を緩和することが困難だとしても、BPSDについては「本人が折り合いをつけやすい環境」を整え、コミュニケーションを工夫する、**本人の持病などをきちんと治療するなどによって緩和を図ることは可能**になるわけです。

　認知症ケアは、まさにこのBPSDの緩和で活かされることになります。

認知症の症状のしくみを知ろう

中核症状とBPSD(行動・心理症状)

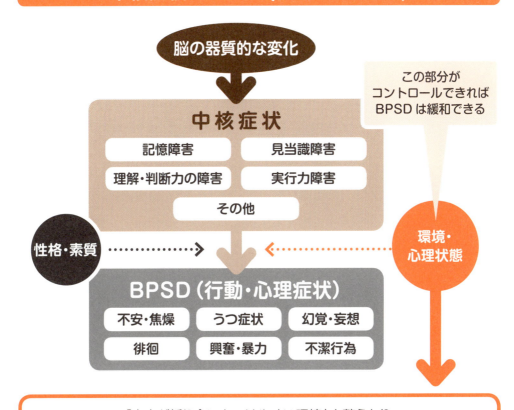

「本人が折り合いをつけやすい環境」を整えたり、コミュニケーションの工夫、本人の持病などを治療することによって、
BPSDは緩和を図ることができる

Point!
中核症状が進行しても、本人心理に配慮した認知症ケアがしっかりとできれば穏やかな生活も可能

本人の混乱を長引かせないために
なぜ早期の発見と対処が大切か？

周囲と折り合いをつけにくい「苦しさ」は取り除いてあげましょう。

「周囲との折り合いの難しさ」が本人のストレスに

　認知症の人は、中核症状からくる周囲とのズレに対し、何とか「自分なりに折り合いをつけよう」と苦しんでいます。しかし、それがうまく行かずに周囲とのあつれきが長引くと、大きなストレスとなり、BPSDの悪化を進めることにもなりかねません。

　アルツハイマー型などの場合、短期記憶は衰えるものの、感情に残ったしこりは脳の機能に悪影響を与えることがあるからです。また、身近な家族などが「本人との折り合い」に苦労し続けると、本人に対する言動などがどうしてもきつくなりやすく、やはり本人のBPSDを悪化させるという悪循環を生みやすくなります。

「本人の認知症のパターン」を正確に把握する

　いずれにしても、「本人が周囲と折り合いをつけにくい状況」や「身近な家族などが、本人との関係を保つのに苦しんだりする状況」は、**早期に解消することが必要です。そのためには、本人の中核症状に合わせた環境づくりや対人ケアが必要です。**

　さらに、その前提として、「本人の認知症のパターン」を正確に把握しなければなりません。つまり、専門医による早期の診断をまず行い、「本人に対してどのようなケアが必要なのか」という計画を立てます。その際には、「本人の持病や服薬状況などがBPSDに与える状況」を知るために、他の疾患に対する正しい診断も必要になるでしょう。それに応じて、本人の感情的なしこりを残さないようなケアを実施します。また、身近な家族などへのケアや啓蒙・啓発も進めることで、本人のBPSDに影響を与える周囲の言動などを穏やかにしていくという仕掛けも求められます。早期発見・早期対処は、その後の認知症ケアの行方も左右するわけです。

認知症の早期診断とケアによる対処を

専門医による早期の診断	連携	ケアチームによる早期のかかわり

- BPSDの悪化を引き起こす別の疾患などの治療を進めていく
- 認知症を引き起こす疾患の種類を把握することで、病気を理解した正しいケアを進めることが可能
- 本人が周囲との折り合いをつけやすくなるような環境設定や家族へのケアによって、BPSDの緩和を図る

ただし、本人の受診拒否が強いこともあり、それでも「受診させよう」とするプレッシャーが**家族のストレス**になることも

家族のストレスを放置すると、本人への態度が厳しくなり、それがBPSDを悪化させる悪循環になることもあるので注意

先に上記の環境設定や家族へのケアを進めつつ、**認知症専門医と連携して「本人が自然に受診できる環境」**（専門医の訪問など）をつくっておく

Point! 早期の診断とその結果に応じた集中的で計画的なケアは、その後の本人の穏やかな生活を左右する

従事者が常にもつべきケアの柱
認知症ケアの基本「パーソン・センタード」

ケアする側ではなく「本人が中心」という考え方が原点になります。

利用者を「こちらの都合」に当てはめない

　すべての介護で大切なのは、利用者の「こうありたい」という意向に寄り添うことです。しかし、対象者が認知症である場合、本人の意向と現実の環境とのズレが大きいことから、つい「利用者をこちらの都合に当てはめて」しまいがちになります。

　本人にしてみれば、「自分はこうありたい」と描いている姿が正しいのであり、それを他者の都合に合わせることは、理不尽な束縛となります。

　こうした束縛は「理由もなく自分の意思や意図を否定される」わけで、そうなれば頑なに拒否の姿勢を示したりして、周囲への警戒感を高めるだけとなるでしょう。介護サービスを手がける側としては、本人の安全や身体機能の防止を考えているつもりであっても、それがかえってケアの進行を難しくするという逆回転が生じるわけです。

あくまで「その人の思いが中心」からスタート

　そこで、認知症ケアに際しては、「パーソン・センタード（その人を中心とする）」の考え方を大原則と位置づける必要があります。つまり、**その人が今、自分をめぐる環境や目の前の人との関係をどのようにとらえているかを、しっかり理解する**ことです。

　たとえば、自宅や施設などで「ここは自分のいるべき場所ではない」として、外に出ていこうとします。これを周囲が徘徊ととらえ、安全のために鍵をかけて閉じ込めようとすれば、本人は「理不尽にも閉じ込められた」と感じて不穏な心理を強めることになります。

　本人を中心に考えるのであれば、「なぜこの人は『自分のいるべき場所ではない』と考えているのか（見当識にかかる脳細胞の働きの偏りといった脳機能への理解も含む）」を推し量り、一緒に外出しながら本人の気持ちに寄り添うことが重要になります。

パーソン・センタードの基本を常に意識する

本人の思い	現実の環境
本人は今、自分の置かれた環境や立場をどのように受け止めているのか？	原因は、本人の言動を「変だ」と感じて「現実」に当てはめようとしがち

| 本人の思いをあくまで中心におく（パーソン・センタード）ことが重要 | この周囲の「都合」を優先させて、本人をそこに当てはめようとする… |

本人の思いが優先されることで、周囲との折り合いが図りやすくなり、**穏やかな生活を取り戻すことに**

本人の思いとの間に衝突が生じ、**混乱や不安を強めることになる**

こちらの原則を徹底しつつ、周囲が本人と折り合いをつける

こちらに陥らないように常に「している」ケアを振り返る

Point! 認知症ケアを学び・実践する前に、まず「パーソン・センタード」の考え方を大原則にすえる

五感に訴える部分をまず整える
BPSD緩和に向けてのケア【環境編】

脳が受け取る情報が、脳細胞の活性化と心の安定に効果を発揮します。

失われた脳機能を「補う力」を引き出すために

　認知症は、主に脳の器質的な変容によって生じる病気です。たとえば、アルツハイマー型認知症の人は、短期記憶などをつかさどる海馬の萎縮が見られます。

　しかし、**人の脳には眠っている細胞も数多く、それを呼び覚ますことで脳の血流が増えて、失われた脳機能を補える可能性があります**。たとえば、アルツハイマー型の場合、大脳皮質における長期記憶の働きは後々まで保たれています。

　この長期記憶に働きかける刺激を増やし、大脳皮質を活性化することはできます。それにより、短期記憶や見当識が衰えたとしても、自分が今いる場所や状況への理解を「自分なりに組み立てる」という作業は続いていくことになります。

　これによって、心の安定を図り、BPSDの緩和を進めることもできるわけです。

試しながら効果を検証、改善する「しくみ」が大切

　この長期記憶への働きかけは、五感への刺激によって行います。さまざまな感覚器官を使うことが、それだけ脳内のネットワークを広げることにつながるからです。

　長期記憶に訴えることを考えた場合、視覚であるなら「昔の懐かしい風景の写真」、聴覚であるなら「子供の頃聞いた音楽」、触覚であるなら「昔どこかで触れたことのあるやさしい肌触り」などが考えられます。味覚、嗅覚なども同様です。

　これらを日常の環境の中で整えていくことが、認知症ケアにおける一つの手段となります。もちろん、人によって長期記憶などに訴える刺激には差があるでしょう。そこで、**その人の生活歴などをきちんと考慮しつつ、試しながら効果を検証し、改善を図っていくことが必要**です。このサイクルをきちんと働かせる「しくみづくり」も大切になるわけです。

「五感の刺激」の重要な働き

脳の海馬の萎縮によって「短期記憶」が障害されても…

その脳には眠っている細胞も多く、
それを呼び覚ますことで失われた脳機能が補える

 たとえば

長期記憶に働きかける「五感への刺激」を増やすことで、
大脳皮質が活性化する

周囲への理解を「自分なりに組み立てる」作業が続き
心の安定を図るための手助けとなる

五感への刺激
- 昔の懐かしい風景の写真
- 子供の頃、聞いた音楽
- 昔どこかで触れたことのあるやさしい肌触り
- 味覚・臭覚なども同様

- 人によって長期記憶などに訴える刺激には差があるので、生活歴などを考慮する
- 改善を図ることが必要であり、サイクルをきちんと働かせる「しくみづくり」も大切になる

Point! 本人の残された機能に訴える「五感の刺激」を整えることで、心の安定に結びつく脳の活性化を

PART1 認知症ケアの基本的な流れ

ストレスとなる持病の治療
BPSD緩和に向けてのケア【疾患編】

しっかりとした療養を勧めることも、心の安定に不可欠なことです。

不穏状態が激しい人の場合、他の疾患への疑いも

　すでに述べたとおり、持病の悪化や不適切な服薬管理などは、認知症の人のBPSDに大きな影響を与えます。不穏な状態が極めて激しい人の場合、中核症状の進行というだけでなく、その人の健康状況に何かしらの問題が起きているという見方が必要です。

　認知症の人の場合、**脳機能の低下によって、持病などに対する自覚症状を自分の中で正確に受け止めることが難しくなる**こともあります。そのため、漠然とした不快感からストレスがたまり、それが心の安定をはばむという流れも考えなければなりません。

適切な服薬管理も認知症ケアの大切な課題

　たとえば、ある時期から落ち着きがなくなり、サービス提供者への暴言などが増えたという人がいました。現場スタッフは理由がわからずに困惑していましたが、医療機関を受診したところ、本人が膀胱炎を患っていることがわかりました。

　つまり、膀胱炎によって頻繁な尿意にさらされる中で、本人はその不快感がストレスとなって不穏な状態におちいっていたわけです。実際、膀胱炎の治療をほどこした後、本人は嘘のように落ち着きを取り戻しました。ここでは、**何らかの疾患という疑いをもちつつ、医療や看護との連携をしっかり図ることが重要**になるわけです。

　また、もともと何らかの慢性疾患があるとして、認知症によってその服薬管理が十分にできていないと、やはり心身への悪影響からBPSDの悪化をもたらします。その意味では、認知症の人の服薬管理というのは、ケアにおける欠かせない課題となります。逆に、過剰な投薬などがBPSDに悪影響を与えているケースもあります。認知症の人への初期対応においては、専門医に服薬状況をチェックしてもらうことも必要です。

BPSDの緩和に欠かせない「身体」への配慮

不穏状態などが極めて激しい人のケースで考えられる2つの要因

その人の慢性疾患が悪化している、あるいは、新たな疾患が生じた可能性	服薬管理がきちんとなされていない、あるいは、不適切な多剤投与が原因の可能性
↓	↓
認知症によって自覚症状を正確に訴えられないこともあるので、まず状態を観察	認知症によって薬を飲み忘れていたり、不適切な服用をしていないかチェック

現場チェックのうえで専門医にまず相談

専門医の協力を得て、**原因となる疾患の適切な受診・治療につなげる**	服薬管理の工夫や現状の服薬に対するアドバイスをもらう

Point! 医療や看護との連携をしっかり図り、本人の内部疾患や服薬の状況などを正しく把握したい

家族配慮も認知症ケアの大切な一環
認知症の人と暮らす家族へのケアを

家族へのケアは、本人のBPSD改善に直結することを頭に入れましょう。

本人の認知症を家族はなかなか受け入れられない

　認知症の人へのケアを考える場合、同時に家族のケアを考える必要があります。**身近な家族は、本人のBPSDの状態を左右するカギとなる存在でもある**からです。

　家族というのは、本人にとってもっとも身近な存在であるゆえに、「本人が認知症である」ことを受け入れるのは並大抵ではありません。たとえば、「自分を家族と認識してくれない」という状況は、家族にとって大きなショックとなります。ある意味で、長年築いてきた関係の土台が崩れるわけで、それを簡単に受け入れるのは極めて困難です。

　それゆえ、初期の段階では「本人中心（パーソン・センタード）」の考え方ができる余裕はなく、かつての関係や生活習慣に引き戻そうとする（「それはそうではない」という本人否定など）言動がつい出てしまいがちです。身近な立場からのきつい言動などは、本人にとっては強いストレスとなり、不穏や混乱を強める要因となりかねません。

つらさや悲しみを無理に抑え込むと反動の懸念も

　とはいえ、家族の心理は簡単には割り切れません。頭では納得していても、心の奥底ではつらさや悲しみが常に存在しています。それを無理に抑え込むだけでは、いつしかコップの水があふれるように心に異変をきたします。その結果として、うつ状態になり、本人に対するネグレクト（介護放棄）などにつながる危険も出てきます。

　この点を考えたとき、支援者としては、**本人への認知症ケアと同時に「家族の心の休息（レスパイト）と寄り添いをポイントとしたケア」**を進めていくことが欠かせません。

　家族会などピアカウンセリングを設けることもさることながら、本人の「できること」がまだまだあることを、きちんと実感させる機会なども大切です。

本人にとって身近な家族へのケア

「本人が認知症であること」を受け入れるのは難しい

家族

表向きは
本人が認知症であることは理解できている

心の奥では…
ショックは大きい。なかなか受け入れられない

この思いが蓄積すると…

コップの水があふれるように…

- ちょっとした拍子に、本人に対する否定的な言動が出てしまう
- うつ状態から介護放棄(ネグレクト)や本人とのかかわり拒否

いずれも本人のBPSDの悪化につながる要因に

家族の心の休息(レスパイト)が必要

- 家族会の参加により、「同じような思い」を抱く家族同士で体験談を語り合うことで、一種のピアカウンセリングに
- 時々、ケアの現場での「本人のしている生活」を見てもらうことで、「本人の可能性の広がり」を実感してもらい希望の灯をともす

Point! ピアカウンセリングのような機会や、本人の活き活きとした姿をきちんと示すことも家族の希望に

地域ぐるみの多様な資源を活かす
認知症ケアをチームで進めるために

住民主体のさまざまな活動ともつながり、地域ケアを大切にしましょう。

地域で生まれつつある認知症対応の多様な資源

　平成27年度から全国すべての市町村で、順次、認知症総合支援事業を進めることが義務づけられました。一つは、**認知症の早期の鑑別診断や速やかな医療・介護サービスの提供を目指した「認知症初期集中支援チーム」**の創設。もう一つは、**地域における認知症カフェの企画・運営など、さまざまな資源構築を担う「認知症地域支援推進員」**の配置です。また、認知症の人が一人で外出して行方不明になったケースを想定し、早期発見のためのSOSネットワークの整備も進んでいます。このケースでは、行政や警察、公共交通機関、商工会、介護事業者など、さまざまな機関の連携が求められます。

　いずれのケースでも、地域にさまざまな専門職や資源をつないでネットワークを構築していくことが欠かせません。介護現場でも、地域にどのような資源があって、それぞれがどのような支援を手がけているのかを知っておくことが必要です。

介護現場としてさまざまな資源とのネットワークを

　たとえば、本Partでも何度か述べたように、認知症ケアに際しては、正確な鑑別診断やBPSDに影響を与える内部疾患や服薬状況などの情報が欠かせません。これをきちんとキャッチするには、信頼できる医療機関などとの連携が必要になります。

　また、本人の社会参加の機会を広げるうえで、介護事業によるサービスだけでなく、認知症カフェのような居場所の利用も大切です。実際、認知症カフェの中には、近隣のグループホームなどから利用者と職員が一緒に出かけてきて過ごすシーンも見られます。

　さらに、**認知症サポーター養成講座での講師派遣などを通じ、一般市民の認知症に対する理解を広げることで**、いざという時にさまざまな協力をあおぐことも可能になります。

住民主体の地域ケア

平成30年までに全国すべての市町村で義務づけられる

認知症総合支援事業
(平成27年度から順次スタート)

認知症初期集中支援チーム
認知症の早期の鑑別診断や速やかな医療・介護サービスの提供を目指した

認知症地域支援推進員
地域における認知症カフェの企画・運営など、さまざまな資源構築を担う

さらに

見守りSOSネットワークなど
- 行政や警察
- 商工会
- 公共交通機関
- 介護事業者

たくさんの人に支えられているんだね

Point!
行政・医療のみならず、地域のさまざまな資源との連携をとることで認知症ケアのランクアップを

五感への刺激で生活意欲を引き出す

　認知症の人に対しては、五感への刺激が大切であると述べました。

　では、現場では具体的にどのような取り組みがなされているのでしょうか。さまざまな現場を訪ねる中で体験した工夫をいくつか紹介しましょう。

　グループホームなどでよく聞く話として、台所の炊飯器から「ご飯の炊ける香り」がすると、自室にこもっていた利用者が食堂に集まってくるという光景があります。「ご飯の炊ける香り」は食欲を刺激するだけでなく、長期記憶への訴えとしては、どこか昔の家庭の団らんを思い起こさせる効果があるのかもしれません。

　この効果をもっと強く打ち出そうと、あるホームでは、「まな板を包丁が叩くトントンという音」や「鍋がぐつぐつ煮えている音」などをあらかじめ録音し、食事の時間が近づくとその音声を流しました。すると、それまで落ち着きなくフロアをうろうろしていた利用者が、自ら食堂のテーブルに座るようになったといいます。

　また、ある小規模多機能型事業所では、夏のある日の夕方、縁側の提灯をたくさんつるし、夏祭りの太鼓や笛の音を流してみました。すると、利用者が「今日はどこかでお祭りだねえ」といい、台所に用意していたスイカを自ら切って他の利用者やスタッフにふるまってくれました。これも、提灯の明かりという視覚への刺激、祭りの音という聴覚への刺激が、その人の「進んでする役割」を広げたといえます。

　もう一つは、海外のグループホームで見たケースです。職員がある入居者の家族のもとを訪ね、その人が昔パッチワークで使っていた端切れや、子供の頃からしまっていたビーズやアクセサリーを借りてきました。それを一つのボード（手触りのいい布を巻いた板）の上にまとめて飾りつけたのです。

　そして、そのボードを当の利用者に手渡すと、それまで厳しかった表情がみるみる和らぎ、やさしくそれらをなで続けたといいます。その人の長期記憶に訴えるものを一つにまとめた、いわば「触覚に訴えるグッズ」というわけです。

　五感への訴えについては、各現場でもっと工夫できることがありそうです。

Part 2

認知症ケアの計画作成

多様なルートからの相談に対応
認知症ケースにおける相談援助と初期情報

認知症支援は、家族や地域から寄せられる相談への対応から始まります。

認知症の相談ケースはこじれている場合が多い

　認知症ケースの場合、本人よりも「周囲の人々が困っている」という流れで相談が持ちかけられるケースが目立ちます。時には本人にとって、もっとも身近な家族ではなく、近所の人や通報を受けた行政などから相談が持ちかけられることもあります。

　家族としては、「身近な人が認知症になる」という状況をなかなか受け入れることができません。そのため、認知症の発症からずいぶんと時間がたって家族が疲弊しきっていたり、地域との関係が悪くなっているなど、状況がこじれているパターンも目立ちます。

　その点を考えれば、介護サービスの提供などに向けた相談を受ける場合でも、**家族やその他の関係者の疲労や混乱した心理への気づかいを第一に考えましょう**。事業所で相談を受ける場合、落ち着いた雰囲気やプライバシーがしっかり保たれる環境が求められます。

かかわっている関係者のリストアップを進める

　そのうえで、まずは基本的な情報を押さえます。認知症の本人にかかる連絡先はもちろんのこと、相談者の続柄と連絡先（携帯電話の番号など）も聞き出します。

　なお、本人が認知症の鑑別診断を受けていればいいのですが、相談者が訪れる段階ではそこまでの余裕がないケースが多いでしょう。そこで、少なくとも**「かかりつけ医」がいないかどうか、以前に何らかの介護や福祉のサービスを使ったことがあるか**を確認します。

　できるだけ関係者をリストアップすることで、情報共有しやすい環境を整えます。

　そのうえで、現在本人や家族がどのような状況にあるのか、どんな困りごとが生じているのかをじっくりと聞きます。たとえ混乱状況にある訴えでも、大切な情報が隠されていたり、聞くこと自体が相手を落ち着かせ、自己解決力を上げることにもつながります。

相談者の置かれた状況をまず理解

情報を共有しやすい環境を整えよう

- 疲労や混乱した心理への気づかいを第一に考え、まとまりのない訴えでも傾聴を
- 落ち着いた雰囲気やプライバシーがしっかり保たれる環境が求められる

基本的な情報を押さえる！

関係者をリストアップすると情報供給しやすいよ

- 相談者の続柄と連絡先(携帯電話の番号など)も聞き出す
- かかりつけ医がいないかどうか、以前に何らかの介護や福祉サービスを使ったことがあるか確認

Point! 相談者が疲労や混乱の極みにあることに配慮し、たとえまとまりのない訴えでもきちんと聞く

PART2 認知症ケアの計画作成

初期情報を記すためのシート①

ダウンロード対応

記入年月日　2016 年 8 月 10 日　　　　　　　　　　　相談対応者　△山□子

相談の対象者	対象者の要介護度や認知症鑑別診断など
氏名　川北△子（72歳）　　男性・**⼥性** 生年月日　　　年　　月　　日 住所・連絡先	要支援2。直近の要介護認定日は2014年7月25日。認知症診断は受けていない。

相談者	
氏名　松西□子（52歳）　　男性・**女性** 対象者との続柄　次女（別居） 住所・連絡先 携帯電話など緊急連絡先	

かかりつけの医療機関	利用している(していた)介護事業所
●△医院（内科・循環器科） 担当医　　○○○医師 連絡先 □○医院（眼科） 担当医　　○○○医師 連絡先	△○居宅介護支援事業所 担当介護支援専門員○○○○ 連絡先 ○■訪問介護事業所（8月15月まで） 担当サービス提供責任者　○○○○ 連絡先

管轄の市区町村・地域包括支援センター	その他の関係機関など
A市役所 （介護保険課担当　○○○○） 連絡先 B市西地域包括支援センター （担当相談員　○○○○） 連絡先	C弁護士事務所 （担当弁護士　○○○○） 連絡先 民生委員　○○○○ （自治会役員を兼務） 連絡先

相談に至るまでの経過

※できるだけ時系列で整理しながら書き込んでいく
2013年10月11日　ヤカンをコンロにかけたままで空焚きしてしまう
2014年10月16日　夜間に次女に電話。「部屋に見知らぬ人がいる」との訴え
2015月11日5日　外出したまま帰宅できなくなり、警察に送り届けてもらう

初期情報を記すためのシート②

ダウンロード対応

入院・通院歴や介護サービス利用歴

※これも時系列で記していく。入院・通院の期間、介護サービスの利用期間も記す
※特別な医療や服薬がある場合、聞き取りができる範囲で記入したい

【入院・通院歴】
2011年2月13日　胃潰瘍で△病院で手術（2月18日まで入院）
2012年5月16日　心疾患の疑いで△病院で検査入院（現在まで通院中）
2013年4月26日　□○眼科医院で白内障の手術（5月6日まで通院）

【介護サービス利用歴】
2015年6月11日〜7月26日　軽度の心疾患があるため訪問介護利用の希望で要介護認定を受ける
2015年7月30日〜12月20日　要支援2の認定を受けて訪問介護の生活援助を利用
2016年1月10日　心疾患の改善で生活の自立が可能になったため、訪問介護の利用を止める

対象者の現在「している」生活の状況

※1日および1週間の本人の生活状況を聞き取れる範囲で記す
※下記のような図なども書き込みながら、生活状況が整理しやすいように工夫
※「起床・就寝時間」「食事時間・回数」「外出の様子」など
※「本人らしい生活」を象徴しているシーンなど
※本人の様子を振り返ってもらうことで、相談者が冷静さを取り戻すことにもつながる

月　在宅介護サービス利用
火
水　在宅介護サービス利用
木　次女が立ち寄る
：

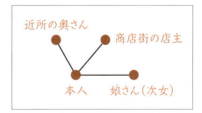

対象者本人・相談者が現在「困っている」こと

※相談者は混乱している状況もあるので、まずは相手の訴えをさえぎらずに傾聴
※傾聴した内容は、どんな些細なことであっても漏らさずに記入

【対象者本人】
・「夜間になると部屋に知らない人がいる。怖い」との訴え
・一人で外出すると家へ帰る道順がわからなくなる

【相談者】
・火の始末や金銭管理などが難しくなっている。一人暮らしが難しいかもしれない。
・家族の顔や名前も時々識別できなくなっていて、コミュニケーションがとりづらい

本人の健康にかかる情報を集める
認知症ケアに影響する医療情報

持病や服薬の状況などは、BPSDに影響を与えることがあります。

事前に個人情報取得・利用の同意書を取得しておく

　居宅のケアマネジャーや施設・居住系サービスの相談員であれば、その後の本人や家族の支援に向けて、さまざまな情報を集めなければなりません。

　中でも、しっかり押さえておきたいのが、本人をめぐる「医療情報」です。認知症の鑑別診断の情報もさることながら、その他の持病やその治療のための服薬についての情報もしっかり集めましょう。**認知症のBPSDが悪化しているケースでは、環境要因だけではなく、こうした持病や服薬の状況が大きく影響していることもある**からです。

　まずは、初期情報で得られた「かかりつけ医」（複数の医療機関にかかっている場合は、そのすべての医師）とコンタクトをとり、本人の持病や服薬にかかる情報をもらいます。

　第三者として情報を得るわけですから、事前に家族などから**「個人情報取得・利用のための同意書」**を受け取っておきましょう（書式は、42ページを参照）。

認知症の専門医に持病や服薬の情報を見てもらう

　なお、この段階で認知症の鑑別診断にかかる情報も得ておくのがベストですが、前項で述べたように、受診がなされていないケースも少なくありません。

　その場合、できるだけ早く受診してもらうよう促しますが、本人が受診拒否の姿勢を見せている場合、家族には大きな負担となります。そうしたケースの場合は、**地域包括支援センターなどと連携をとりながら、本人の認知症受診に向けた対応策などを話し合います。**認知症医療疾患センターなどに、対応を相談してもいいでしょう。

　なお、認知症の専門医とのつながりが持てた場合、先の持病や服薬などの情報を見てもらうと、BPSDなどへの影響についてのアドバイスを受けやすくなります。

医療情報と診断情報を集める

個人情報の取得・利用の同意書を取得する

本人の医療情報
- 持病やその治療のための服薬についての情報を集める
- BPSDが悪化しているケースでは持病や服薬の状況が大きく影響していることもある

複数の医療機関にかかっている場合は、そのすべての医師とコンタクトをとり、**本人の持病や服薬にかかる情報をもらうようにする**

認知症の鑑別診断にかかる情報も得ておくのがベスト!!

できるだけ早く診断してもらうのがベストだが、本人が受診拒否の姿勢を見せている場合、家族には大きな負担となる

- 地域包括支援センターなどと連帯をとりながら本人の認知症受診に向けた対応策を話し合う
- 認知症医療疾患センターに対応を相談してもよい

Point!
本人の鑑別診断の受診拒否などがある場合は地域包括支援センターなどに相談

PART2 認知症ケアの計画作成

個人情報取得・利用のための同意書

ダウンロード対応

個人情報（取得・使用）同意書

私（氏名 山田△子）および、その家族・親族の個人情報につきまして、以下のとおり（取得・使用）することに同意します。

● 取得・使用する個人情報の種類
- □ 疾病・診療に関する情報
- ☑ 要介護認定等情報
- □ 居宅介護支援計画書
- □ その他（　　　　　　　）

> 該当する箇所にチェックマークを入れる

● 取得・使用の目的
- ☑ サービス提供計画等の作成
- □ 医療機関・介護事業者との連絡・調整
- □ その他（　　　　　　　）

> その他の目的・範囲を記す場合は、内容をできる限り限定し、簡潔に記す。地域包括支援センターなどとの連携が該当

● 使用する者の範囲
- ☑ 担当事業所（○○○事業所）内従事者
- □ その他（　　　　　　　）

● 使用する期間
- ☑ 担当事業所との介護サービス契約期間
- □ その他（　　　　　　　）

取得・使用する個人情報に関しては、（　　　　）サービス提供、および（　　　　）にかかわる目的以外では使用せず、上記「使用する者の範囲」外に漏れることがないよう細心の注意を求めます。

○○○○事業所御中

利用者	氏名 山田○子	住所	印
家族代表者	氏名	住所	印
その他代筆者	氏名 山田□男	住所	印

（代筆の理由　当事者認知症のため代筆　　　　　　　）

> 成年後見人などがついている場合は代筆。認知症の具体的状況（日常生活自立度など）も可能な限り詳細に記したい

医療情報収集のためのシート

ダウンロード対応

最終更新日 2016 年 5 月 30 日 (担当者 ☐川昭男)

フリガナ		☐男 ☑女	要介護度	認知症の人の日常生活自立度	障害老人自立度	認知症関連評価
名　前	○山 △子	79歳	2	IIa	B1	
生年月日	☐明治 ☐大正 ☐昭和　　年　　月　　日		緊急時の連絡先			
住所・連絡先	〒　－ 電話　　　　　FAX					

既往歴

疾患名	入院・通院先	入院・通院期間	現状および今の服薬状況
膝関節炎	●△医院 (入院・手術)	入院2011年3月12日〜18日	現在も同院に通院中 ○○○○を服用
白内障	☐○眼科 (手術・通院)	通院2012年5月20日〜25日	現在は完治

現状における療養上の注意点

※医療機関などからヒアリングした情報を記入。疾患別・情報を得た医療機関別に整理しておくと見やすくなる

本人の身体状況

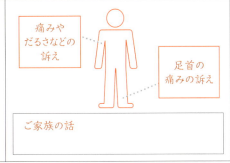

痛みやだるさなどの訴え

足首の痛みの訴え

ご家族の話

その他、認知症BPSDへの影響が想定される注意点など

※認知症専門医の意見などを記入。服薬状況との関連についても注意

認知症ケースでのアセスメントの取り方

次に、本人の生活等にかかる情報を

本人や家族との面談で、生活や身体機能にかかる情報を収集しましょう。

その人が「自分らしく」あるための手がかりを

　認知症の人が穏やかに過ごせる環境を整えるには、本人の「こうしよう・こうしたい」という思いの背景をきちんと把握する必要があります。そのヒントは、**その人が自ら「している」、あるいは「してきた」生活の中にあります**。

　たとえばアルツハイマー型認知症の人の場合、大脳皮質がつかさどる長期記憶は、ある程度の進行にいたるまで保たれています。つまり、その人の生い立ちや職業歴などを把握することにより、本人が「自分らしく」あるための手がかりを知ることができます。

　また、長年の生活習慣の中では、意識しなくても「身体が覚えている」という生活動作があります。これを「手続き記憶」といいますが、これも比較的保たれているので、本人の「できる・している」部分をしてもらうことで、「自分なりの役割を果たしている」ことに対する安心感が心理的な落ち着きへとつながるわけです。

本人の意思を実現するための身体機能はどうか？

　ただし、「こうしたい」というはっきりした生活の意向があったとしても、それを実現するための身体機能が伴わなくては、「うまくできない」状況が生じてしまいます。

　問題なのは、認知症の人の場合、自分の身体機能に対する認識も衰えている点（失認）です。そのため、**「しようとしていること」と結果にズレが生じてしまえば、「なぜうまくいかないか」が認識できないゆえに、心理的な混乱につながりやすくなります**。

　そこで、本人の身体機能についても、医療機関やケアマネジャーなどから伝えられる事前情報とともに、現場でのアセスメントで得た情報によって把握することが大切です。それをもとに、機能低下の維持・向上につなげるケアを考えていくわけです。

認知症の人が穏やかに過ごせる環境を考える

本人の思いの背景をきちんと把握することから

- その人の生い立ちや職業歴などを把握することにより、自分らしくあるための手がりを知る

- 自分なりの役割を果たしていることに対する安心感が心理的な落ち着きへとつながる

- 意識しなくても体が覚えているという手続き記憶による生活の様子にも注目

注意!!

失認
自分の身体機能に対する認識も衰える

↓

なぜうまくいかないかが認識できず、心理的な混乱につながりやすくなる

医療機関やケアマネジャーなどから伝えられる事前情報とともに、現場でのアセスメントで得た情報の把握が大切

生活機能の維持・向上につなげるケアも考えよう

PART2 認知症ケアの計画作成

Point! 本人の「している・してきた」生活を把握し、その継続を図るためという方向での支援を

ダウンロード対応

認知症の人の生活像を知るためのシート①

最終更新日　2016 年　7 月 20 日　(担当者　○○○○)

フリガナ		□男 ☑女	要介護度	認定有効期限	認知症の人の日常生活自立度	障害老人自立度
名　前	川村△代	歳	4	○月○日まで	Ⅲa	B1
生年月日	□明治　□大正　□昭和　　年　　月　　日			(家族関係マップ)		
住所・連絡先	〒　－ 電話　　　　　　FAX					

本人の生い立ち・学歴・職歴

※プライベートにかかわることなので、無理に聞き出すのではなく、本人・家族からのヒアリングによって情報が得られた段階で書き加えていく

昭和○年○月○日
○○県○○市の造り酒屋に生まれる。祖母父母4人兄弟の次男。
昭和○年
○○○学校卒業後、実家の家業を継ぐ

本人をめぐる交友関係など

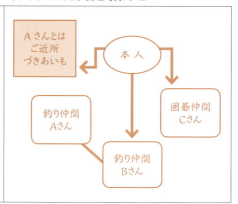

本人の趣味・生きがい・生活歴

●かつて「していた」が、認知症が出る前から「しなくなった」生活

●かつて「していた」が、認知症が出てから「しなくなった」生活

●認知症が出てからも「続けている」生活

●本人が今でも「したい」と特に望んでいる生活
※「したい」ことをはばんでいる要因も一緒に記す
買い物時にお金の計算や帰宅ができなくなることがあったので、買い物は家族やボランティアの人にお願いしている

認知症の人の生活像を知るためのシート②

ダウンロード対応

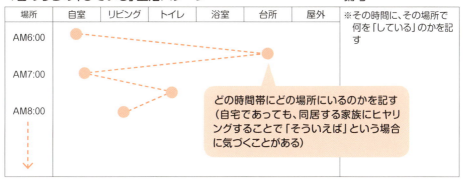

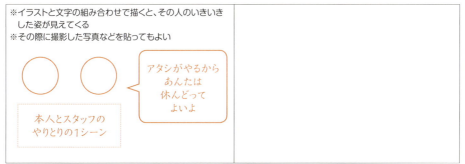

本人が落ち着いている状況での特筆すべき環境要因

テレビで相撲中継が始まるとじっと座って見ている
ソファに置いてあるぬいぐるみを熱心にさわっている

本人の心身に危険がおよぶ可能性がある過去の行動

ティッシュを口に入れてしまったことがある
※その時の前後の状況などを詳細に記しておく

PART2 認知症ケアの計画作成

サービス提供者とケアマネの連携を
基本方針となるケアプランを把握する

ケアプランを実際のケアにどう活かしていけばよいのでしょうか？

ケアプランのしくみはどうなっているか？

　サービス提供の現場には、ケアマネジャー（施設・居住系サービスにおけるケアマネ含む）が作成したケアプランが渡されます。ここに各サービス担当者がチェックしたアセスメント情報を加えることで、現場での認知症ケア計画を作成する流れとなります。

　まず、ケアプランのしくみをきちんと押さえましょう。ケアプランの構造としては、①**本人や家族が「どのような生活をおくりたいか」という意向を受け**（1表・利用者および家族の生活に対する意向）、②意向を叶えるためには何が必要なのかという課題を明らかにします（2表・生活全般の解決すべき課題）。そのうえで、③②の課題解決のための援助方針（1表・総合的な援助の方針）をたて、④その方針のもとに「その人らしい生活の姿」を目標として設定します（2表・長期・短期目標）。⑤その目標達成のために、具体的にどのようなケアを行っていくか（2表・援助内容）が示されます。

本人をめぐる状況の変化で「プランの見直し」も

　上記のケアプランの内容は、事前にサービス担当者会議を通じて共有が図られてはいます。しかし、**いざ担当者が本人・家族と個別にアセスメント面談したり、実際にサービスを開始して、現場担当者が利用者と接してみると、事情が変わってくることもあります。**

　たとえば、本人のBPSDの緩和を図るべく、現場の環境整備やスタッフと本人との信頼関係の構築、適切な診療や服薬管理を行っていく中で、「本人のできること」がプラン上で想定していた以上に広がるといったケースが見られます。つまり、本人にとっての「こうありたい」という課題の領域が広がり、より高い目標が見えてくるという具合です。こうした変化は、そのつどケアマネジャーに伝え、プランの見直しにつなげていきます。

ケアプランのしくみと課題の共有について

ケアプランの構造

- 本人や家族がどのような生活をおくりたいかという意向
- 意向を叶えるためには何が必要なのかという課題
- 課題解決のための総合的な援助の方針
- その人らしい生活の姿の目標設定
- 目標達成のための具体的なケア

ケアプランのしくみをきちんと押さえよう

担当者会議を通じての共有、その上で……

- 家族と個別にアセスメント面談
- 現場担当者が利用者と接してみる
- BPSDの改善を図るべく、現場の環境整備やスタッフとの信頼関係の構築
- 適切な診療や服薬管理を行い、本人のできることが想像していた以上に広がることも

現場の情報をプランの見直しにつなげていこう

Point! 初期対応をきちんと行う中で、本人のBPSDが緩和され、より高い目標が見えてくることも

その人らしい生活像を探っていく
認知症ケア計画① 【課題分析】

本人の「しようとしている」生活を見ることから始めましょう。

まずはBPSD緩和のための初期対応をしっかりと

　前項で述べたように、本人に対する初期対応を手がける中で、ケアプランの設定よりも本人の課題領域が広がってくることがあります。わかりやすくいえば、**BPSDによって埋もれていた「その人らしい生活の姿」**が浮かび上がってくることです。

　そこで、改めてその人の「している・しようとしている」生活をしっかり見ます。

　もちろん、前提としてはBPSD緩和のための初期対応をしっかり行うことが必要です。たとえば、①医療機関との連携による持病の改善や服薬管理の徹底を行ったうえで、②本人にとっての落ち着ける環境（五感への刺激）を整え、③対人ケアの技術（本人との位置関係や表情、声のかけ方など）によってこちら側への信頼を築くといった具合です。

主体的に「しようとしていること」の広がりを描く

　こうした適切な初期対応を重ねる中で、本人の周囲に対する安心感が醸成されると、「自分はそこで何をするべきか（何ができるか）」を探るようになります。つまり、主体的に「何かをしよう」という情動が生まれてくるわけです。

　たとえば、よい環境が築かれているケアの現場では、こんな光景を見ることがあります。スタッフが穏やかな表情で目を合わせ、「よいお天気ですね」などと相手のストレスになりにくい雑談をポツリポツリとします。すると、自ら立ってお茶を入れようとしたり、スタッフの肩に糸くずなどがついていると、それをとってくれたりします。

　つまり、自ら進んで「何かをする」という行動が見られるようになるわけです。これを**しっかりと把握する中で、その「主体的にしようとしていること」をもっと広げていくにはどうすればいいかを考えます。これが新たな課題領域の発見につながっていきます。**

BPSD緩和による課題領域の広がり

ケアプランの設定・本人の課題領域

BPSD緩和のための初期対応が大切

- 医療機関との連帯による持病の改善や服薬管理の徹底を行う
- 本人にとっての落ち着ける環境、五感への刺激を整える
- 対人ケアでの位置関係や表情での相手との信頼を築く

- 適切な初期対応を重ねる中で**周囲に対する安心感**が醸成され、主体的に「**何かをしよう**」という情動が生まれてくる
- 自ら進んでやるという行動が見られるようになり、もっと広げていくにはどうすればいいのか考えるようになる

新たな課題領域の発見につながる

Point! その人の「しようとしている姿」を把握する中から、「こうありたい」という本人なりの課題をつかむ

PART2 認知症ケアの計画作成

ダウンロード対応

認知症ケアのための課題分析シート①

更新日 2016 年 7 月 15 日　担当者 △山○美

フリガナ			□男 ☑女	要介護度	認知症の人の日常生活自立度	障害老人自立度	認知症関連評価
名　前	○山 △子		79歳	2	Ⅱa	B1	

本人のBPSDの直近の状況

	①認知症になる前に「していた」生活	②認知症になってからも「している」生活	①→②の変化をもたらした要因		
			身体機能の変化	中核症状の進行	BPSDの悪化
食事	自立	一部介助	－	○	○
整容			△	△	○
清拭・入浴					
更衣					
トイレ動作					
移乗					
歩行(屋内)					
歩行(屋外)					
階段昇降					

※以下略

IADL関連

電話	している	していない	－	○	○
買い物					
洗濯・掃除					
調理					
金銭管理					
服薬管理					

※以下略

その他、コミュニケーションや社会参加

会話	している	している	－	－	－
文章等創作					
地域参加					

※以下略

認知症になる前とその後の「している生活」の変化をチェックし、どんな要因がその変化をもたらしているのかという可能性を考えて記入

○…変化をもたらした要因　△…変化をもたらしている可能性あり　－…悪化や進行は認められない

ダウンロード対応

認知症ケアのための課題分析シート②

A. 認知症になる前と後での要因別の「変化」(まとめ)

持病や服薬による影響	その他環境等による影響
身体機能の変化に影響を受けた生活	※前ページの「○」がついている項目を抜き出す 更衣、トイレ動作
中核症状の進行に影響を受けた生活	
BPSDの悪化に影響を受けた生活	

B.「その人らしさ」を象徴する「認知症前に『していた生活』」

※認知症になる前に「していた」、その人らしい生活像を描く
※「〜をしている」という表現で記入
近くの公園に散歩に出て、スケッチブックとサインペンで写生をしている

C. 本人や家族が「こうしたい」と考えている生活の姿

※認知症前に「していたか否か」にかかわりなく、「こうしたい」という姿を描く
※「本人の言葉」と「家族の言葉」に分け、Bと同じく「〜をしている」表現で記入

【本人の言葉】

【家族の言葉】

D. 上記のB、Cを実現するうえで維持・向上を目指したい生活動作

※BとCの「生活」を記入	※必要となる生活動作を前ページの項目から抜粋
公園に出かける	整容、更衣、歩行(屋外)
スケッチブックに写生	文章等創作

E. Dを実現するうえで手がけていきたい支援

身体機能の維持・向上を目指すために行なう支援	※AとDを照らしたうえで、手がけたい支援を考える
中核症状の進行にともなう周囲の環境設定・支援	スケッチブックとペンを用意し、スタッフ自らが写生をしている姿を見せる
BPSDの緩和を図るための周囲の環境設定・支援	穏やかな日差しを満喫してもらい、スタッフとの信頼関係を築いたうえで、「一緒に公園まで散歩に出かけたくなる」前向きな気分を引き出す

PART2 認知症ケアの計画作成

進んで「している」ことの姿を描く
認知症ケア計画②
【目標設定】

「こうありたい」のという課題に、どんな姿を見つけられるかを考えます。

本人が進んで「している生活」の先を描く

　本人が「主体的にしようとしている」ことをキャッチしたうえで、その先にある生活像を描きます。たとえば前項で示した「お茶を入れよう」としているシーンを考えてみます。
　スタッフに「お茶を入れる」という行為は、それ自体、主体的な社会参加の姿となります。ですから、これも「その人らしい社会生活」のうえでは一つの目標像となります。
　しかし、それだけでしょうか。ここで、先にアセスメントした「その人の長年の生活習慣」を見たとき、「（お茶を入れるだけでなく）さまざまな家事を一人で担ってきた」という生活像が浮かぶかもしれません。となれば、その人らしい生活の姿はもっと広がることになります。**それを自ら進んで「している」状況が実現できれば、自分の役割を果たしているという心理的な充実感から、落ち着いてた生活を取り戻すきっかけとなります。**
　これを、その人なりの長期目標として設定するわけです。

長期目標の達成に向けたステップを築いていく

　ただし、最初から長期目標にたどり着くのは、簡単ではありません。たとえば、通所や施設、居住系サービスの場などにおいて、本人は「ここで自分の役割を果たしていいのかどうか」を自分なりに推し量ろうとしています。仮に、**周囲の空気になじめないという状況の中では、なかなか自分らしさを発揮することは困難**です。
　そこで、長期目標にたどり着く前に、段階的に本人の主体性を引き出していくための短期目標を設定します。たとえば、「本人が進んで家事を担う」という長期目標があったら、最初は「職員の手伝いをしてもらう」という機会を設定し、そこで職員とのコミュニケーションをとりながら、その場の空気になじんでもらうステップを設けるという具合です。

自分の役割を果たすという充実感

生活像を描いてみる

今している行為
相手にお茶を入れるという行為は、**主体的な社会参加の姿**である

その先にあるもの
その人の長年の生活習慣を見て、**さまざまな家事を一人で担ってきた**という生活像が浮かぶ

自ら進んで状況が実現できれば、**自分の役割を果たしている**という心理的な充実感から**落ち着いた生活を取り戻す**きっかけとなる

目標達成に向けたステップを築いていく

- ☑ 周囲の空気になじめないという状況の中では、自分らしさを発揮することは困難である
- ☑ 段階的に本人の主体性を引き出していくための短期目標を設定すると良い

ステップとなる短期目標を決めよう

その人らしい社会生活の目標を広げる

Point! 「その人のらしい生活の姿」を目指すうえで、どのようなステップ（短期目標）が必要かを考える

ダウンロード対応

認知症ケア計画シート①

作成日 2016 年 6 月 30 日　担当者 山川〇子

フリガナ		□男 □女	要介護度	認知症の人の日常生活自立度	障害老人自立度	認知症関連評価
名　前	〇〇〇子	79歳	2	Ⅱa	B1	

本人の「してきた生活」について	認知症が出てから「している生活」
※P46のシートから、まとめを転記	※P47のシートから、まとめを転記
本人の既往歴、現在の病態と服薬	本人のBPSDにかかる状況とその背景
※P43のシートから、まとめを転記	※課題分析シートから、まとめを転記
本人の生活にかかる意向	家族の生活にかかる意向
※本人の直接的な「訴え」のみならず、「している生活」の中から意向を見つけ出す	※家族が混乱や不安がある中では、「本人の意向」とのズレが大きくなることがあるが、とりあえずそのまま記す ※本人のBPSDが改善される中で、家族の意向が変わってくることもある。その経過も時系列で記すとよい

意向の実現に向けて「困っていること」

※本人と家族では、「困っていること」の方向性が異なることもあるが、そのまま併記することで、「両者の意向」がどうすれば歩み寄るかを探るきっかけとなる

【本人】

【家族】

本人・家族の意向を実現するための「課題」（道筋）

※本人は「どうしたい」と思っているのか。家族としては「本人がどうあってほしい」と考えているのか。両者のすり合わせ点はどこにあるのかという道筋を描く
※「本人の意向の実現が『穏やかに過ごす』ことの実現につながる」という視点で、課題をすり合わせることができる
本人「生徒に慕われつつピアノの教師を続けたい（実際は、長期記憶にもとづく過去のできごとだが、本人の「現在の意向」として記す）」
家族「混乱なく穏やかに過ごしてほしい」

認知症ケア計画シート②

(ダウンロード対応)

本人・家族の課題	課題解決に向けた長期目標	長期目標に向けた短期目標
※前ページの「課題」を項目ごとに箇条書きにする 課題1 ピアノの教師を続ける	※課題解決のために「どのような生活像」を求めるか ①生徒の前で弾いていたピアノ曲を再び演奏している ②生徒に指導している	※長期目標の実現に向けた短期的なステップを記す ※下記のように長期目標の項目ごとに整理する ①−1 ①−2 ②−1
※課題2		
※課題3		
※課題4		

短期目標ごとの支援計画

短期目標	具体的な支援内容	支援期間と達成状況
①−1	【環境設定】	【支援期間】
	【スタッフによる支援】	【達成状況】 ※モニタリング時に記入
①−2	【環境設定】	【支援期間】
	【スタッフによる支援】	【達成状況】
②−1	【環境設定】	【支援期間】
	【スタッフによる支援】	【達成状況】

本人らしい1日の過ごし方

※短期目標の達成に向けた「基本的な1日の過ごし方」を記す。その日の本人の体調や心理状況にもよるので、必ずその通りに過ごす必要はない。ただし、その場合は「別の過ごし方（事業所で過ごすのではなく、最寄りの認知症カフェなどに出かけるなど）」も記しておく

BPSDの悪化を防ぐための配慮

※体調管理や服薬管理なども含め、BPSDの悪化を防ぐための手段を記す

ケア計画の見直しに向けた方向性

※モニタリングの結果を受け、計画をどのように見直せばよいかという大きな方針を示す

目標達成に向けた支援策を考える
認知症ケア計画③
【支援内容】

その人らしい目標を達成する具体的な支援や環境設定を描きましょう。

その人の主体性を引き出すような環境設定も

　長期目標に向けたステップが短期目標となりますが、その短期目標をどうやって達成するかという手段が「具体的な支援内容」となります。**スタッフによる声かけや誘導だけでなく、その人の主体性を引き出すような環境設定も大切な支援策**です。
　たとえば、長年畑仕事をしてきた人がいるとして、事業所の庭に菜園を設け、作業用の器具を出しておきます。これが基本となる環境設定です。
　そのうえで、「ここでお茶を飲みませんか」と、本人を「菜園が見える場所」の椅子へと案内します。認知症の人の場合、視野が狭くなっている人もいるので、こうした場所の設定も重要です。そして、最初はスタッフが土いじりをしている様子を見てもらいます。

本人らしい活動のための「運動機能」にも配慮

　本人が、土いじりをしているスタッフに関心を持つようになったら、タイミングよく「少しお手伝いいただけないでしょうか」と誘ってみます。こうして、**徐々に本人を参加へと近づけることで、ゆくゆくは「自分から進んで手がける」**ことにつなげるわけです。
　ただし、ここで注意したいのは、本人の運動機能が衰えていて、昔のようにうまくできないというケースもあることです。長期記憶に沿って「やろうとしていること」がうまくできないとなれば、自らの運動機能の低下への認識が衰えている分、それが不安や混乱に結びついてしまう懸念もあります。事前のアセスメントと照らして注視したい点です。
　つまり、上記の「畑仕事への参加」という目標達成のためには、必要となる運動機能の維持・向上も支援策に入ってくることになります。そのための機能訓練などに、やはり「進んで参加してもらう」にはどうすればよいか。これも課題になってくるわけです。

環境設定も支援策の一つ

具体的な支援内容

スタッフによる声かけや誘導だけでなく、
人の主体性を引き出すような環境設定も大切な支援策

「ここでお茶を飲みませんか?」

菜園が見える場所の椅子へと案内をする

視野が狭くなってる人もいるので、場所の設定も重要となる。最初はスタッフが土いじりしている様子を見てもらう

「少しお手伝いいただけないでしょうか?」

注意 自らの運動機能低下への認識が衰えている分、それが**不安や混乱に結びついてしまう懸念**もある

「機能訓練は重要だよ」

Point!

本人が進んで「やろう」という地点に向け、環境設定やスタッフの動き、昨日の維持・向上を考える

ケアをどう立案し検証するか
ケアチームで支援策を築いてゆく流れ

チーム内での考え方をすり合わせ、支援策を確かなものにしましょう。

本人の一面だけを見ていてはうまく行かない

　人というのは、置かれている環境や対人関係によって、いろいろな姿を見せるものです。特に認知症の人の場合は、周囲の状況に対する反応が敏感になっているので、ちょっとしたことでBPSDが強まるなど、行動が大きく変化することがあります。

　つまり、特定の人が**特定の状況で本人と向き合ったとして、別の場面ではまったく違う一面を見せる可能性がある**わけです。となれば、本人のある一面だけを見て支援策を考えても、それが本当に「その人らしさ」につながるかどうかを決めつけるわけにはいきません。

　また、本人のその場での言動や事前のアセスメント情報などは、それを受け取る人によって解釈や気づくポイントが変わってくることもあります。それぞれのスタッフの専門性などによっても、「こうした方がいい」というアイデアは当然変わったりするものです。

スタッフ全員の思いを共有することからスタート

　となれば、事前のアセスメント情報をチーム全体で共有し、初期対応の段階でそれぞれのチームスタッフが体験したことをお互いで表明し合う場が求められます。

　そのうえで、課題→目標→具体的な支援内容をメンバー全員で検討し、まずは「それでやってみる」こと（仮説をもとにした実践）やその試行期間を設定します。

　ここで大切なのは、**できる限り、本人にも主人公として参加してもらう**ことです。これは、パーソン・センタードの考え方を実践していく第一歩となります。

　本人は話し合いの内容への理解は難しいとはいえ、「この話し合いは自分に関するもの」という空気はキャッチできます。その時にどのような反応を見せるかということも、実は目標や支援策を打ち出していくうえで貴重な材料となります。

対人関係と支援策の流れ

環境や対人関係のあり方

- 利用者は置かれている環境や対人関係によって、いろいろな姿を見せる
- 周囲の状況に対する反応が敏感になるので、BPSDが強まるなど行動が大きく変化することもある

アセスメント情報

その場での言動などで受け取る人（利用者）によって解釈や気づくポイントが変わってくる

試行期間を設定

課題

目標
▼
具体的な支援内容をメンバー全員で検討
（本人も参加）

その時どのような反応を見せるか、目標や支援策を打ち出していくうえで貴重な材料となる

自立と社会参加

Point! パーソン・センタードの考え方に沿った場合、本人も参加する中で支援策を話し合うことが大切に

取り巻いてきた文化に「惚れる」感覚

　昔、ある落語家が、弟子が修業する際の心構えとしてこんなことを語りました。
　古典落語の場合、登場人物の語る「生きた言葉」は今ではほとんど使われていません。今の言葉で言い換えることもできますが、そうした「翻訳技術」だけをいくら鍛えても、お客に感動を与える噺はできないといいます。
　昔の生きた言葉、たとえば今では講談や古典文学の中でしか見られないような言葉があるとします。たとえ、その意味がわからなくても、言い回しやリズム感、言葉自体の持つ「魂」のようなもの――そうしたものに「心底惚れることができるかどうか」が大切なのだと、その落語家は力説していました。
　つまり、その言葉を頭で解釈するのではなく、どっぷりとそこに浸かりながら、自分の心や身体と共鳴させていくことが大切というわけです。頭ではなく、身体で覚えるというのはまさにそういうことなのかもしれません。
　この修業観は、認知症ケアの現場にも通じるものがありそうです。
　たとえば、認知症の人は自身の長期記憶の中に身をおくことで、言ってみれば「タイムスリップ」したような状況にあります。
　それは、その人にとっての「現実」なのですから、周囲が頭だけで理解し解釈をして話を合わせようとしても、なかなかうまくは行きません。なぜなら、その人に向かい合ったとき「タイムスリップ」しているのは、その人ではなく、向かい合っているスタッフ自身だからです。スタッフ自身が、その人を包む時代背景やその時々の文化に「どっぷりと浸かる」ことが必要になってくるわけです。
　先の落語家の言葉でいえば、その人が過ごしてきた時代（たとえば昭和20年代、30年代）に生で接し、たとえその意味が分からなくても「共鳴し、惚れぬく」ということ。これが認知症ケアには、必ず必要になってくることです。
　昔の映画のセリフ、当時の貸本屋などで読むことのできた言葉――こうしたものを少しずつ集めながら、まずは理屈抜きに暗唱してみるのはどうでしょうか。

Part 3

認知症ケア計画の共有と実践、モニタリング

実践に向けた流れをまずは確認する
ケア計画をどのように動かしていくか

認知症ケア計画ができたその後はどう動かせばよいのでしょうか。

万全なケア計画でなくても道しるべにはできる

　認知症ケアを行う対象は「人間」です。生きている人間の行動や心理は、表に出てくるアセスメント情報だけでは推し量れない「深さ」があります。つまり、ケアプランも、そこから派生するケア計画も、「これで万全」というものはありえないわけです。

　ただし、人は他の人と「いい関係」を持つことで、それまで「できない・していない」ことができるようになるなど、それまでにない可能性を広げることがあります。これは、**認知症の人も同じであり、隠れていた長期記憶などに与える刺激が、事前のアセスメントでも想定していない「できること」を引き出したりします。**

　つまり、万全なケア計画はできなくても、それを一つの道しるべとして認知症の人との関係をつくることで、その人らしい暮らしを実現することもできるわけです。

「実践→評価→計画の見直し」のサイクルを基本に

　この点を考えたとき、①とりあえず作成したケア計画に沿って「環境整備や対人関係の構築」を図っていく、②その結果として本人の「している生活」がどう変わったかをチーム内で評価することが大切となります。そのうえで、③②の評価によって「新たな課題や目標」が見えてきたら、それをケア計画の修正へと反映させるわけです。

　この「実践→評価→計画の見直し」から、見直した計画にもとづくさらなる実践という**サイクル（PDCAサイクル）を続けていくことが、認知症ケアの基本的な流れ**となります。

　もちろん、本人の中核症状は進行していくわけで、「できていたこと」が「できなくなる」段階も訪れます。しかし、上記のような認知症ケアの流れをきちんと踏んでいけば、中核症状の進行に合わせて、柔軟な対応を図り、BPSDの悪化を防ぐことも可能となります。

ケアプランの関係性とサイクル

認知症ケアを行う対象は人間である

生きている人間の行動や心理は、表に出てくる情報だけでは推し量れない深さがある

長期記憶などに与える刺激が事前のアセスメントでも
想定していない「できること」を引き出したりする

基本サイクル

- ケア作成に沿って環境整備や対人関係の構築を図る
- 本人の生活がどう変わったかをチーム内で評価する
- 新たな課題や目標をケア計画の反映とさせる

PDCAサイクル

実践→評価→見直した計画に基づく、さらなる実践のサイクルを

認知症ケアの流れをきちんと踏んでいこう

Point! 実践の中で「本人の新たな可能性や変化」を見極めて、その人らしい生活へと歩む流れをつくる

している生活が広がる中での注意
事故リスクを抑えるための注意点を共有

「している生活行為」が広がれば新たなリスクにも配慮が必要です。

認知症があることで危機に対する見当識の衰えも

　人は「自ら進んで何かをする」という場面が増えれば、その人らしさが広がる一方で、新しいハードルにもぶつかる可能性が増えます。そこで危機を察知し、自分なりに工夫して乗り越えたり、安全のための自己管理能力を高めていくことになります。

　ただし、認知症がある人の場合、危機を察知する見当識やリスクを抑えるための判断力、再発を防ぐために学ぶという短期記憶などが衰えています。

　また、アルツハイマー型の場合は視野が狭くなったり、レビー小体型であればパーキンソン病のような運動機能の障害も生じやすくなります。つまり、**危機を回避するのに必要な身体的な機能も低下し、そこでさまざまな事故リスクも高まりやすくなる**わけです。

リスク回避のための抑制が「危機を増大させる」ことも

　もしそこで、何らかの事故（転倒によるケガなど）が生じれば、せっかく広がってきた「本人らしい暮らし」が後戻りしてしまうことになります。

　ただし、危険を回避するために、本人の行動をむやみに抑制したりすれば、その意図を十分に認識できない認知症の人にしてみれば、単なる「妨害」と映りかねません。

　つまり、そこで支援者との信頼関係が揺らぐことになり、BPSDの悪化を招いて、逆に事故リスクを増やすという悪循環にはまる可能性も出てきます。

　その点を考えたとき、本人の「しようとしている生活」を妨げないようにしつつも、そこで**浮上するリスクを先読みしながら取り除くという「二面作戦」が必要**になります。そこで、どんなリスクがあるのかをチーム内でしっかりと共有しつつ、環境改善や本人の意思を尊重したうえでの誘導策など、アイデアを考える取り組みを進めていきます。

生活行為のリスクと注意点

その人らしさが広がる一方で新しいハードルにも、ぶつかる可能性

自分なりに工夫してハードルを乗り越えたり、安全のために自己管理能力を高めたりすることも大切

ただし、認知症の人の場合は……

危機を察知する**見当識**や、リスクを抑えるための**判断力**、再発を防ぐために学ぶという**短期記憶**が衰えている場合がある

だからといって……

安全確保のために、本人の行動をむやみに制限すると単なる「妨害」と受け取ってBPSDの悪化につながることも

| 本人の「している生活」を妨げず、できる範囲での自己管理力を尊重して伸ばしていく | 二面作戦 | 浮上するリスクを先回りして（本人が意識しないように）取り除く |

Point! 本人の主体性を妨げないようにしつつ、生じるリスクを先読みしながら上手に取り除いていく

現場での事故防止シート　ダウンロード対応

利用者ごとのリスク管理のポイント

利用者名	「している生活」の状況	ADLおよび認知症による見当識等の衰え	生活上の注意点
	※認知症ケアの進行により、「している生活」がどのように変化しているかという最新の情報を記す	※嚥下や歩行時のADL状況とともに、認知症による見当識障害やBPSDの状況によるリスクを記す	※左記の情報から、対応時の注意点や見守りのポイントについて記す
Aさん		食事時に「食べ物をしっかり噛むこと」への認識が衰えていることがある（5月6日）	食事時に「しっかり噛む動作」を見せることで咀しゃくをうながし、嚥下動作の観察も怠らないようにする
Bさん			
Cさん			
Dさん			

環境面のリスクについてのポイント

※定期的に利用者が過ごす環境内でのリスクをチェックし、即座に改善をほどこしたうえで「再発する可能性がある」ことを注意点としてうながす

動線に物が置いてある、照明が切れて利用者の動線上で暗くなっている部分がある

その他の注意点

※現場で発生しているその他のリスクについて、気づいた人が上書きしていく。全体的にこのシートはコンピューター上で「上書き」をしていき、「上書き」部分に記入日を記すことで、常に最新情報へと更新されていることが確認できるようにする

服薬管理シート(一覧用) ダウンロード対応

看護師・薬剤師の指導のもと、下記のシートを作成したうえで薬の仕分けを行い、常に最新情報の更新を行う（更新部分は、看護師・薬剤師の署名と更新日を記入する）。日々の服薬援助に際しては、このシートを印刷したうえで、2人以上のスタッフの目視によって援助する服薬に間違いがないかをチェックして担当者がサインする。

最終更新日 2015 年 4 月 23 日

利用者名	服薬名	服薬援助の方法	服薬時の注意点	サイン1	サイン2
Aさん	○○○○ (○○医院にて処方) ↑ 処方した医療機関名も記す	※1日のうちのどのタイミングで本人に手渡すかなどを記す	※服薬後に「ふらつき」や「眠気」が生じるなどのリスクがある場合は、医師からの情報をもとにその旨を記入		
	△△△△				
Bさん					
Cさん					

定期的に上記のシートを、担当の認知症専門医に見てもらうことにより、「無理な多剤投与が行われていないか」というチェックを受けたい。BPSDの悪化が多剤投与などによるものである可能もある

PART3 認知症ケア計画の共有と実践、モニタリング

よりよいケアのための準備から
ケア計画実践に向けた人員配置や環境設定

その人らしい目標達成に向け、必要となる人的・物的な資源を整えます。

慢性的な人手不足の中での人員配置をどうするか

　利用者とスタッフが信頼関係を築き、「一緒に何かをする」から**「本人が進んで何かをする」という流れを作る場合、お互いがじっくりと向き合う時間を作らなければなりません**。このとき、現場のスタッフ不足から向き合い方が中途半端になれば、ケア計画で設定した目標達成への道のりは遠のいてしまいます。とはいえ、慢性的な人手不足となっている介護業界では、基準以上の手厚い人員配置を果たすのは並大抵ではありません。

　そこで考えたいのは、①利用者ごとの計画の進行に合わせて人員配置のメリハリをつけること。②利用者同士や地域住民などの多様な人間関係の中で、本人の自発性を引き出す仕掛けを整えていくことです。②においては、関係づくりも大きなポイントになります。

計画初期の利用者への集中的な人員配置から

　たとえば、現場にA、B、Cという3人の利用者がいるとします。

　Aさん、Bさんはともに「自ら進んで行う生活行為」が広がってますが、Bさんは中核症状の進行と身体機能の衰えによって「うまくできなくなっている場面」も見られます。

　これに対し、Cさんはサービス利用を開始したばかりで、その場での「自ら進んで行う生活」がまだ十分に獲得できていません。つまり、Cさんは初期段階での集中的なケアが必要であり、ここにベテランのスタッフを集中的につけることが考えられます。

　一方、Aさん、Bさんには、「進んで調理を行う」という同じ目標において、一緒に作業をする環境を設定します。立ち位置としては、Bさんをはさんで上記とは別のスタッフ、そしてAさんという並びにします。ここで、**Aさんは「Bさんをサポートする」という関係も期待できるなか、自発的な「助け合い」という新たな可能性が広がる**わけです。

目標達成に向けての環境設定

スタッフの慢性的な人手不足

基準値以上の人員配置は
並大抵ではない

ケア計画で設定した
目標達成への道のりは
遠のいてしまう

これを実現するには…
- 一緒に何かをする、本人が進んでするという流れを作る
- お互いが向き合う時間を作る

計画初期の環境設定

自ら進んで行う生活行為

調理台

| スタッフ | Bさん | Aさん |

一緒に作業する環境を設定

スタッフによる集中的なケア

Cさん

サービス利用したばかりで自ら進んで行う生活が、十分にできない

↓

ベテランのスタッフを集中的につける

環境設定が大きなポイントになるよ

Point! 利用者同士が自発的に「助け合う」環境を設定することで、お互いの役割分担が可能性を広げる

認知症の人の心身の特性に注意
ケア計画をもとにした対応法をマスター

対人関係や環境設定に際しては適切な対応を身につけることが必要です。

本人の新たな可能性を導くには技能が必要

　前項では、利用者同士の「助け合い」状況が生まれる可能性について述べました。

　注意したいのは、決して「利用者同士の助け合いでスタッフの手間を省く」という発想が先に立つものではないという点です。スタッフが直接かかわる状況でなくても、「本人同士の新たな可能性」に導くには、そこに高い専門性に裏打ちされた技能が必要です。

　前項のケースでいえば、仮にAさん、Bさんが調理場に背を向けて、並んで座っているだけだとすればどうでしょうか。**認知症の人は空間認識が狭くなっていたり、その場の状況を把握する能力が衰えているので、これだけでは自発的な生活行為は広がりません。**

相手が「入りやすい環境」を仕掛けていくことが大切

　まず環境設定で考えたいのは、Aさん、Bさんの座る位置です。昔は台所に「勝手口」があり、そこに近所の人がおすそ分けなどを持ってきて、井戸端会議ならぬ台所端の立ち話などをしたものです。また、調理台の近くに小さなテーブルを設け、そこで豆の皮むきや芋の皮むきなどをしながら、家族で雑談するなどという光景もありました。

　その長期記憶に訴えるシーンを考えれば、調理台の近くに2〜3人で座れるテーブル席を設け、そこに下ごしらえをする食材などを出しておくという方法が考えられます。

　テーブルはできるだけ小さく、そこにスタッフが座ったとき、利用者の近くに顔を寄せられるようにします。そのうえで、利用者の視界に入る位置を意識してスタッフが下ごしらえをし、高齢者が聞き取りやすい低音を意識しながら、「お手伝いいただきたい旨」を示します。相手の関心が向いたら、手をやさしく包み込むように食材を手渡します。常に、**相手の視野と五感の刺激を意識し、自発的な行為に結びつきやすい状況をつくる**わけです。

利用者との関係をはぐくむために

新たな可能性を導くには

まずは環境は整っているかをチェック

AさんとBさんが調理場に背を向けて並んで座っているだけだと… → その場の状況を把握する能力が衰えているので、自発的な生活行為はなかなか広がらない

関係をつくりやすい環境設定を仕掛ける

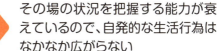

調理台

テーブルはできるだけ小さく、そこにスタッフが座ったとき、利用者の近くに顔を寄せられるようにする

↓

相手の関心が向いたら手をやさしく包み込むように食材を手渡す

Point! 認知症の人の状況認識を頭に入れ、自発的な行為に誘いやすいポジションや声のかけ方を意識

本人の状態変化への対応も頭に
中核症状や疾患・運動機能の悪化への対処

「その人らしい生活」をはばむ要因を排除し、改善策を考えます。

「うまくいっている」状況が順調に続くとは限らない

　その人なりの目標に向けて、「自ら進んで行う行為」が増え、自分の役割を果たすことによる心の落ち着きや運動機能の維持が図られたとします。しかし、この「うまくいっている状況」は、いつまでも順調に進むとは限りません。

　たとえば、中核症状が進行して「している行為」を支えている長期記憶も衰えてくることがあります。**老化とともに運動機能の維持が難しくなってくれば、やはり「している行為」がうまくできなくなって、本人の心理に悪影響を与える可能性も出てきます。**

　また、持病の悪化などを放置すれば、心理的な不安定さや意欲低下が増し、「その人らしい生活像」という目標の実現も遠ざかることになるでしょう。

変化のタイミングを見逃さない観察力・洞察力を

　そうしたリスクを事前に想定しながら、状態が悪化した場合のサポートを考えておくことは確かに必要です。ただし、そのサポートを的確に行っていくためには、**いざ「できなくなる瞬間」が訪れることを想定したとき、そのタイミングを見逃さないだけの観察力・洞察力を養っておくことも欠かせません。**

　そのためには、本人の「している」様子をただ見るのではなく、その人の「している生活」にいかに関心を持つかということが問われます。たとえば、誰かを好きになったとして、その人のちょっとしたしぐさや表情の変化に、自分でも驚くくらい敏感になるという経験は誰でもあるでしょう。つまり、利用者に対しても「この人を大切にしたい」という気持ちを強くもつことが、ちょっとした変化に気づける感覚を鋭敏していくわけです。

　その人への「関心を高める」ためには、次ページのような取り組みを考えてみましょう。

認知症の人への関心を高めるために

❶ 事前のアセスメントに記された**その人の生い立ち、職歴、生活歴**をしっかり読む
→ ポイントとなる社会文化や時代背景については、書籍やネットで調べる
（例）「戦前のカフェで働いていた」
▼
「戦前のカフェってどんな所？今の喫茶店と違うのかな？」

❷ その人ならではの言葉遣いやしぐさに注目して、**その人らしい姿**をイラストに描いてみる
→ ケア記録（80ページ参照）は、❶の「その人らしい暮らし」を描くよう積極的に手がける。
描くことで、その人の魅力がわかってくる

❸ 本人と一緒に町へ出てみる。いろいろな環境の中で、**その人らしさの新たな発見**も
→ たとえば、町のどんな看板に関心を持つか、どんな人を見てどんな反応をするかをチェック
夏場は水分補給の準備などもしっかりと

その人から得られる「素敵」「新鮮」「感動した」という
自分の心の動きを大切にしよう！

Point! 「変化」に気づけるアンテナを鍛えるには、その人への好意や関心を意識的に高めることが必要

利用者の変化が家族ケアを進める
ケアの流れの中で「家族」の位置づけとは？

「その人らしい生活」の実現は、家族の心に大きな影響を与えます。

家族の「大きな喪失感」を理解することが必要

　本人の認知症ケアを進めるうえでは、家族のケアも同時に進めることが欠かせません。すでに述べたように、「**通所や短期入所を使いながら、家族が本人と離れる時間をつくる**」ことや「**家族会などに参加しながら、つらい気持ちを吐露できる場をつくる**」などが中心となってくるでしょう。しかし、家族にとって必要なのは、それだけではありません。

　家族にとってもっともつらいのは、本人と間で長年築かれた「関係」が、認知症によって変わらざるをえないことです。もちろん、関係が途切れるわけではなく、本人との間に新たなエピソードを紡ぐことはできます。しかし、「自分が家族であることを認識してくれない」といった状況は、家族にとって大きな喪失感につながるのは間違いありません。

喪失感を埋める「新たなエピソード」の積み重ねを

　この喪失感を和らげるには、「失われていくもの」以上に「新たに生まれるエピソード」を増やし、そこに本人との関係を再生するという希望が必要です。

　この「新たに生まれるエピソード」は、認知症ケアの過程で「本人のしている生活」の広がりによって厚さを増します。つまり、**本人の目標達成に向けた支援がきちんとなされ、それによって「している生活」が広がっていることを家族にきちんと示すわけです。**

　たとえば、通所や居住系サービスに定期的に家族を招き、本人の「進んでしている行為（料理を手がけたり、畑仕事で野菜を作るなど）」によって家族をもてなすという方法があります。そこには、本人が「かつてしていた生活の姿」があるわけで、家族にとっては驚きとともに「新たなエピソードを紡ぐ」ことへの希望が生まれるわけです。

　こうした仕掛けをケア計画の中に、きちんと位置づけていくことも大切です。

新たなエピソードを紡ぐ

家族にとって必要なケア
- 通所や短期入所を使いながら、家族が本人と離れる時間をつくる
- 家族会などに参加しながら、つらい気持ちを吐露できる場をつくる

しかし、自分が家族であることを認識してくれないといった状況は、**家族にとって大きな喪失感につながるのは間違いない**

喪失感を和らげ埋めていくには

「失われていくもの」以上に「新たに生まれるエピソード」を増やし、そこに本人との関係を再生するという希望が必要となる

新たに生まれるエピソードを紡ぐ

している生活を家族に示す

通所や居住系サービスに定期的に家族を招き本人の進んでしている行為によって家族をもてなす方法

Point! 本人の「している生活」の中に家族を招き、新たなエピソードへの希望を実感してもらうことが大切

認知症の人の「家族」援助シート①

ダウンロード対応

作成日 2015 年 5 月 23 日　作成者 ○○○○

相談の対象者	利用者の直近の状況について
氏名　川北△子（72歳）　男性・**女性**	※要介護度や認知症日常生活自立度、ADL、その他「現在の本人の生活状況」などを記す
生年月日　　　年　　月　　日	
住所・連絡先	
相談者	
氏名　松西□子（52歳）　男性・**女性**	
対象者との続柄　次女（別居）	
住所・連絡先	
携帯電話など緊急連絡先	

その他の家族・親族について

※「主な介護者」以外に本人の介護に携わっている家族がいれば、その氏名・連絡先などを記入する。本人をめぐる家族構成などの図を入れてもよい

主な家族介護者の健康状態や日常の過ごし方など

今の利用者本人に対する「家族介護者」の思い

※利用者本人への認知症ケアが進行するにつれて、家族の本人に対する思いが変化していくことがある。その経緯を日付を付しながら、時系列で記す
※逆に、「先行きへの不安感」など、新たな訴えが出てくる場合もある。「最近、こんなことに困っている」という話が出たら、それも日付入りで記入していく

認知症の人の「家族」援助シート②

ダウンロード対応

家族が「こうしたい」と考えている課題

※家族個人の希望であっても、利用者本人との関係でも構わないので、「こんなことができたら」という思いを課題として設定し、優先順位によって番号を付した箇条書きにする

1. 自分の「会社での仕事」に専念したい
2. 休みの日はできるだけ本人と外出したい
3. たまには、友人と時間をとって旅行したい

課題に対する目標

課題1-①	介護休業ではなく「短時間勤務」制度などを使って仕事を続けている
課題1-②	本人の心や身体の状態が安定することで、自分も仕事に専念できている
課題2-①	本人の心や身体の状態が安定していて、一緒に外出できる環境にある
課題2-②	本人が穏やかに過ごせる環境が整った「出かける場所」がある

目標達成のための支援策

1-①	短時間勤務制度やその使い方についてのアドバイスを行う
1-②	本人が帰宅してからも穏やかに過ごせるよう、居宅との生活の継続性を重視したケアを行う(中略)
2-②	利用者宅の最寄りにある「認知症カフェ」の場所を案内する

家族に対するスタッフ側の支援の方向性について

※上記の支援策を進めていくうえで、家族のどのような心理に配慮するか
※本人との関係を通じて、家族がより「ポジティブ」になれるようなケアの心遣いなどについても、スタッフ内で話し合いながら記入していく

ご本人が通所先でどのような過ごし方をしているかについて、定期的に写真や映像をご覧になっていただければと思います

目標にどの程度近づけているか(モニタリング結果)

※家族の「している生活」の変化を記すとともに、支援に対する「家族の思い」なども聞いたうえでその旨を記してもいい
(新たな課題が生じている可能性もある)

PART3 認知症ケア計画の共有と実践、モニタリング

その人らしい姿を日々描き出す
ケア記録をどのように作成し活かすか?

認知症ケアの大切なポイントは目標達成に活かせる記録の作成です。

認知症ケアの現場で求められる3つの記録

　介護現場では、日々さまざまな記録作成が必要となります。ただし、よりよいケアに活かすにはどのような記録が必要かという点が頭に入っていないと、記録作成そのものが目的化してしまう恐れがあります。これでは、本末転倒ということになるでしょう。

　記録作成の目的を整理すると、以下のようになります。

　①その人らしい暮らしを描く中で、スタッフによる本人への関心を高め、洞察力を育んでいくためのツール。②本人の体調や身体機能の変化を見極めることで、チーム内での早期の対応につなげるためのツール。③ケア計画で設定した目標の進ちょくを描くことで、計画の検証と改善を図るためのツールといった具合です。

各記録の目的に合わせて最適な様式を考える

　この3つの目的を果たすための、それぞれの記録ツールの様式をまず考えます。

　①については、その人が「どこで何をしているのか、どのような言葉を発しているのか」というエピソードを描きます。イラストなども交えた自由書式とし、**その人らしさが現れているエピソードに接したスタッフが印象に残ったままに記します**。

　②については、本人のBPSDや生活の継続に影響を与える要因を早期に発見し、チームで共有することを目的とした記録です。**ちょっとした異変を見逃さないことが重要**なので、バイタルや食事量、排泄の状況、服薬管理の遂行、その他本人の体調や運動機能にかかる記録などを「定型（ICTなども活用）」のスタイルで漏れなく記すことが必要です。

　③は、ケア計画で設定した短期目標の領域ごとに、**「本人のしている・できる行為」**が**どこまで進んでいるかをチェック**。「できていない」場合は、その背景を備考欄に記します。

目標達成に活かせる記録の作り方

記録作成の目的を整理しよう

❶ その人らしい暮らしを描く中で、スタッフによる本人への関心を高め、洞察力を育んでいくためのツール

❷ 本人の体調や身体機能の変化を見極めることで、チーム内での早期の対応につなげるためのツール

❸ ケア計画で設定した目標の進ちょくを描くことで、計画の検証と改善を図るためのツール

よりよいケアを進めるには……
介護現場では、日々さまざまな記録作成が必要となる

3つの目的を果たすための、記録ツールの様式を考える

❶ について
イラストなども交えた自由書式とし、その人らしさが現れているエピソードや、接したスタッフが印象に残ったことを記す

❷ について
バイタルや食事量、排泄の状況、服薬管理の遂行、その他の体調や運動機能にかかる記録などを「定型(ICTなども活用)」のスタイルで漏れなく記すことが必要

❸ について
「本人のしている・できる行為」がどこまで進んでいるかをチェックし、「できていない」場合は、その背景を備考欄に記す

Point! 書き手の啓発を目的としたものか、チームでの確実な情報共有を目的としたものかで様式も変わる

ダウンロード対応

「その人らしい生活の姿」を描くシート
「短期目標の進ちょく」チェックシート

●「その人らしい生活の姿」を描くシート

記入日　2015 年 4 月 12 日　記入者 ○○○○

日時	4月12日　午前11時	場所	事業所の中庭菜園
(利用者の「している生活」の姿を描く) 【利用者】Aさん、Bさん、Cさん 【スタッフ】○○○○ ※イラストでも文章でも構わない。その時のイメージを表現しやすい手段で描く。(写真を貼付するのでもよいが、「描く」という作業を通じることで、改めて「その人らしさ」に気づくことがある)		(エピソード等を記入する) ※左記の描いた姿に関連して、前後のエピソードや、スタッフが「思ったこと」「感銘を受けたこと」があればコメントを記す	

●「短期目標の進ちょく」チェックシート

記入日　2015 年 5 月 10 日　記入者 ○○○○

利用者名	短期目標	進ちょく状況	備考
Aさん	目標1─② ○○○○をしている ※ケア計画で記した短期目標の照合番号とその内容を記す	※単に「できていない」というネガティブな書き方ではなく、「ここまでできた」という前向きな表現を加えていく	※「できていない」場合の背景(BPSDの状況やそれをもたらしている環境要因など)で気づいたことを記す
	目標2─① ○○○○をしている		

記入日　2015 年 5 月 10 日　記入者 ○○○○

Bさん	目標1─① ○○○○をしている		
Cさん	目標2─② ○○○○をしている		
	目標3─① ○○○○をしている		

「書かなければ」と構えるのではなく、気づいた担当者がそのつど書き込めばOK
スタッフに、利用者の「短期目標」を常に意識させるという目的もある

> ダウンロード対応

「本人の変化に早期に気づく」ためのシート

利用者名	記入日	記入者
○○○○さん	2015年05月10日	○○○○

バイタル

	血圧	心拍数	体温
6時30分（起床後）			
15時00分（入浴前）			
21時00分（就寝前）			

食事

	献立	摂取量	備考
朝食		※上記であれば摂取量は「4分の3」	※嚥下状態や「いつもと食事量が異なる」など気になる点があれば記す
昼食			
おやつ等			
夕食			

排泄

※介助（おむつ交換も含む）に際して気づいたことを書き込む
※訴えや自立動作、便の状態、トイレの回数など

皮膚の状態

※更衣や入浴の介助、清拭などに際して気づいたことを書き込む

生活動作

			備考欄
更衣	腰から上	自立・一部介助・全介助・その他	
	腰から下	※上記の該当するものを○で囲む	
移乗	椅子・車椅子		
	便座		
整容			
清拭			
口腔ケア			
入浴	洗髪・洗身		
	シャワー		
	湯船出入り		

> ICT活用によりモバイル等で簡易に記録できるしくみが望ましい。また、記入したデータをそのまま1週間・1ヶ月変化がグラフ化できれば、中長期の変化がチェックできる

PART3 認知症ケア計画の共有と実践、モニタリング

記録をケアの改善に向けた推進力に
記録作成でPDCAサイクルを動かす

「作成して終わり」ではなく、それを「どう活かすか」が重要です。

記録の閲覧からケア計画見直しまでをルール化

　前項で述べたような記録は、作成するだけでは意味がありません。大切なのは、①記録を読むことで「利用者にどのような課題が生じているか」をキャッチし、②そのキャッチした課題をチームで「リアルタイムに近い形」で共有すること、③**そのうえでケア計画の見直し作業へと速やかにつなげていくこと**です。①〜③のいずれかが滞ってしまうと、利用者の自立支援は思うように進まなくなり、スタッフの疲弊にもつながります。

　まずは、①〜③のしくみを組織内でルール化することです。たとえば、①であれば「全員が毎日目を通してサインしたり、備考欄に気づいた課題を（署名付きで）加筆すること」をルールとします。②であれば、「加筆された課題を現場リーダーがとりまとめ、緊急性の高い課題は毎朝の申し送りで、それ以外は事業所内ネットでの共有などを図り、定期カンファレンスなどで議題としてあげること」というフローチャートを作成しておきます。

一人の目だけでは、真の課題にはなかなか踏み込めない

　いずれにしても注視したいのは、記録の作成者が「変化には気づいていても、そこにどんな課題があるのかまでは分析できていない」というケースがあることです。

　たとえば、いつもは「進んで大正琴を弾いて皆に披露する」という人がいたとして、しばらくして「今日は疲れたのでここまで」と切り上げてしまう光景があったとします。

　身近で寄り添うスタッフとしては、「なぜだろう。体調が悪いのかな」と考えて記録にあげたうえで、看護師にバイタルチェックなどを依頼したとします。しかし、実際は中核症状の進行で、「大正琴を弾く」ための手続き記憶の衰えが始まっている可能性もあります。**複数の目でこうした可能性を上げることで、PDCAサイクルが機能する**わけです。

課題分析の精度を上げる

介護現場でのさまざまな記録作成は作成するだけでは意味がない

❶ 記録を読むことで「利用者にどのような課題が生じているのか」をキャッチする
❷ キャッチした課題をチームで「リアルタイムに近い形」で共有すること
❸ ケア計画の見直し作業へと速やかにつなげていくこと

↓

注視したい点

記録の作成者が
「変化に気づいていても、
そこにどんな課題があるかまでは分析できていない」
というケースがある

↓

緊急性の高い課題は毎朝の申し送りで、
それ以外は事業所内のネットでの共有を図る

↓

複数の目でこうした可能性を上げることで、
PDCAサイクルが機能する

Point!
本人の何かしらの「変化」をチーム内で共有することは、課題分析の精度を上げるうえでも大切に

PART3 認知症ケア計画の共有と実践、モニタリング

そこにある課題を浮かび上がらせる
モニタリングの実践とカンファレンス

モニタリングで課題を明らかにし、分析をして解決策を考えます。

仮説が正しいかどうかをモニタリングで確認

　記録をチーム内で見直す中で、どこにどのような課題があるのかについて、できるだけ多くの仮説を打ち出します。利用者に何らかの変化が認められるとして、その背景にあるのが、中核症状の進行なのか、別の疾患によるものなのか、それとも本人をめぐる環境に何らかの変化が生じているのか──現場リーダーがこうした仮説をとりまとめます。

　そのうえで、**現場で利用者の視点で一緒に行動してみたり、医師の診断などを通じて、「その仮説が正しいのか」を検証**します。これがモニタリングです。ただし「仮説を検証しよう」とするあまり、スタッフの肩に力が入るとその空気が利用者を不穏にすることもあります。そのあたりは、ベテランスタッフが司令塔となってカバーすることが必要です。

モニタリングの結果をもとに解決策を話し合う

　モニタリングに際しては専用のシートを用意し、そこにチェックを入れていきます。**この結果を先の記録とともに整理して、チーム・カンファレンスで課題を分析します。**

　そこでは、当初にあげられた仮説の中から、モニタリングの結果をもとに何が該当している可能性があるのかを絞り込みます。そのうえで、「その課題解決のために何が必要か」を話し合います。たとえば、足腰の衰えが進んで長時間の立位の保持が難しくなり、それが本人の「生活行為の広がり」をはばんでいるという仮説をピックアップしたとします。

　となれば、足腰の維持・向上に向けた訓練をケア計画に加えるという提案が出るわけです。その場合、本人が「進んで訓練参加しやすい」環境を作るにはどうすればいいかという課題も生じるでしょう。訓練参加も大切ながら、同時に「椅子に座りながらの活動」という環境を整えていく発想を加える必要があるかもしれません。

モニタリングの実践と課題の分析

モニタリングをする

現場で利用者の視点で一緒に行動してみたり、医師の診断などを通じて
「その仮説が正しいのか」を検証する

「仮説を検証しよう」とするあまり、スタッフの肩に力が入ると
その空気が利用者を不穏にすることがある

対策としては……
ベテランスタッフが指令塔となってカバーすることが必要

モニタリングでの解決策を話し合う

専用のシートを用意しチェックを入れていく

- チーム・カンファレンスで課題を分析
- モニタリングの結果をもとに何が該当している可能性があるのかを絞り込む
- 課題解決のために何が必要か話し合う

Point! あくまで大切なのは「本人の意思」。その人が進んで「それをやろう」と思える状況に配慮したい

モニタリング前の「仮説」シート ダウンロード対応

作成日 2016 年 6 月 25 日　作成者 ○○○○

フリガナ		□男 ☑女	要介護度	認知症の人の 日常生活自立度	障害老人 自立度	認知症関連評価
名　前	○○○子	79歳	2	IIa	B₁	

カンファレンス参加者名

○○○○（CW）、○○○○（CW）、○○○○（NS）、○○○○（OT）‥

各種記録から読み取れる○○さんの変化

I.目標1-②に関して	※「できなくなっている」という負の部分だけでなく、「大いに進ちょくしている」などプラスの面についても着目する
II.目標2-①に関して	
III.目標2-②に関して	
IV.その他	※短期目標に関連する「生活内容」でなくても、特に気になる点があれば「その他」として記す

「変化」の原因・背景にかかる仮説
※上記の「認められる変化」の番号ごとに仮説を立てる

●Iに関して ※話し合いで出てきた仮説をすべて列挙する	仮説① 中核症状がここへきて著しく進行しているのでは？ ※仮説を出した担当者名も記しておくようにする　例．CW○○
	仮説② 筋力低下による長時間の立位保持が難しくなっている？
	仮説③
●IIに関して	仮説①
	仮説②
●IIIに関して	仮説①
	仮説②
●その他	仮説①
	仮説②

「仮説検証」のための具体的手順

主治医に確認	※何をいつどのように確認するかを記す 仮説II-②、III-①について、一両日中に「○○○の可能性はないか」という点を主治医（○○医院○○医師）に確認する（確認担当○○○）
現場でモニタリング	※モニタリングの実施日、具体的な手段（例．利用者と一緒に公園まで散歩をする、など）、担当者を記す

モニタリング用シート ダウンロード対応

記入日 2016 年 8 月 20 日　記入者 ○○○○

フリガナ		□男 ☑女	要介護度	認知症の人の 日常生活自立度	障害老人 自立度	認知症関連評価
名　前	○○○子	79歳	2	Ⅱa	B1	

短期目標・長期目標にかかる進ちょく状況

目標領域	目標設定期間および 現在の経過期間	進ちょく状況	備考
目標1-①	6月12日から3ヶ月 （現在2ヶ月）	達成・<u>一部達成</u>・未達成	※未達成の場合、そもそも「その目標」が本人の意向とズレしているのではないかという点にも着目する
目標1-②			
長期目標1			
目標2-①			
目標2-②			
長期目標2			

※以下略

「仮説」に関するモニタリング

※前ページの「仮説」シートから、各仮説を抜き出してモニタリング

Ⅰ	仮説①	※モニタリングの状況を書き込む いつも「聞くと一緒に歌い始めた曲」をかけたが、本人の反応が弱い。長期記憶が衰えてきているという仮説が該当している可能性がある→支援内容の見直しが必要
	仮説②	
	仮説③	
Ⅱ	仮説①	
	仮説②	※すでに医師などに状況を確認している場合は、その結果なども書き込んでおく

※以下略

総評（モニタリング結果を受けて、今後の検討課題などをまとめる）

（管理者が最後に加筆したうえで署名）

PART3　認知症ケア計画の共有と実践、モニタリング

さまざまな見直し案をとりまとめ
ケア計画の見直しに際しての注意点

新たな課題と目標を設定した場合、それを動かすには何が必要でしょう?

常にパーソン・センタードの基本に立ち返る

　新たな課題を解決するための目標設定や支援策がまとまったら、それをケア計画の見直しに反映させます。注意したいのは、計画を見直すことで、必要となる人員配置や環境設定なども変える必要がある点です。新たに上書きされた支援策が、現実的に可能なのかどうか。足りなければ、どこで補っていくのかを掘り下げなければなりません。
　ここで必要になるのが、パーソン・センタードの基本に立ち返ることです。
　ケア計画を見直すということは、元の計画が動いているということです。そこに新たな課題が生じているとしても、その人らしさに向けた目標への足取りは、少なくとも一定の進ちょくを見せている面もあるはずです。**その進ちょくは、その人にとっての「新たな生活のフィールド」を広げている可能性もあります。その部分に目を向けます。**

「している活動」の中から補いの資源を発見

　宿場町の名残りがある路地をスタッフとともに散歩し、一角にある認知症カフェで過ごす利用者がいました。そこに通ううち、その人はカフェでいれたコーヒーを他の訪問者にふるまう「役割」を担うようになりました。その人らしい活動が広がったわけです。
　しかし、中核症状が進むうち、見当識の衰えが進んで「コーヒーをふるまう」という行為が難しくなってきました。では、どうやってその人の活動を広げることができるのか。
　実は、その認知症カフェがある立地は通学路でもあるため、学校帰りの子供たちも立ち寄ります。子供好きだった利用者は、彼らに椅子や座布団を差し出してコミュニケーションをとるようになりました。つまり、本人の視点に立った場合、**自分の可能性を広げることのできる「補いの資源」がそこに生まれていることになる**わけです。

その人らしい活動を広げる

新たな課題を解決するための目標設定や支援策がまとまったら、ケア計画の見直しに反映させる

- 計画を見直すことで、必要となる人員配置や環境設定なども変える必要がある
- 新たに上書きされた支援策が、現実的に可能なのかどうか、足りなければどこで補っていくのかを掘り下げなければならない

パーソン・センタードの基本に立ち返ることが必要

ケア計画の見直しは新たな課題が生じているとしても、その人らしさに向けた目標への足取りは、少なくとも一定の進ちょくを見せている面もあり、新たな生活のフィールドを広げている可能性もある

認知症カフェで過ごす利用者	中核症状が進んでも「できる」こと
通ううち、その人はカフェでいれたコーヒーを他の訪問者にふるまう「役割」を担うようになった	認知症カフェの立地は通学路であり、学校帰りの子供たちも立ち寄り、子供好きだった利用者はコミュニケーションをとるようになった

Point! 活動フィールドを地域に広げていくと、計画見直しに際しての新たなサポート資源が得られやすい

いざという時の緊急対処も想定を
BPSDの悪化による事故などへの対応

ケア計画を進行させる中で、緊急事態が生じた場合の対応策を考えます。

大切なのは、その後の影響を最小限に抑えること

　ケア計画を作成する中で、事故リスクなどをいかに減らすかを同時に考えることが大切と述べました。では、それでも緊急事態が起こった場合、どうすればいいでしょうか。

　たとえば、スタッフがちょっと目を離した隙に転倒したり、一人で外に出て行ってしまったり。あるいは、**予期せぬ刺激が加わることで、利用者同士がトラブルを起こして一方がケガをしたり、心理的に強いストレスを被る**といったケースもあります。

　ここで大切なのは、起こってしまったことは仕方がないとして、その後の影響を最小限に抑えることです。ケガであれば、医師や看護師との速やかな連携により、重篤な後遺症をもたらさないような対処が必要です。一人で外に出て行ってしまった場合、関係機関との素早い連携によって、早期発見につなげることが重要になります。

マニュアル作成とともに、それを浸透させる研修を

　こうした状況を考えたとき、いざトラブルが生じた場合を想定して、あらかじめ対応のマニュアルを整え、それを組織内でしっかりと共有しておくことが求められます。いったんトラブルが生じれば、スタッフも焦りから頭が真っ白になってしまいがちです。その意味で、マニュアルを身体にしみこませることが普段から必要になります。

　マニュアルの中身としては、①まず冷静に状況を観察すること、②被害を拡大する環境を取り除いて必要な応急処置を行うこと、③どの関係機関・関係者にどのような情報を伝えるかなどを大きな流れとします。もちろん、マニュアルを浸透させる研修も必要です。

　そのうえで、普段から③の**関係機関との連携**を深めておきます。**定期的に協議会などを開催し、「いざというとき」の動き方などのすり合わせ**をしておきましょう。

緊急事態が生じた場合の対応策

事故リスクなどをいかに減らすかを同時に考えることが大切である

緊急事態の発生
- スタッフが目を離した隙に転倒してしまった
- 一人で外に出て行ってしまった
- 予期せぬ刺激が加わることで利用者同士がトラブルを起こして一方がケガをした

ケガの場合
医師や看護師との速やかな連帯により、重篤な後遺症をもたらさないような対象が必要となる

一人で外に出てしまった場合
関係機関との素早い連帯によって、早期発見につなげることが重要となる

心理的に強いストレスを被るケースもあるので、そのフォローも大切

マニュアルを浸透させる研究も必要だよ

- 対応のマニュアルを整え、組織内でしっかりと共有しておくことが求められる
- マニュアルを身体で覚えるという機会も必要に

マニュアルの中身として
1. 冷静に状況を観察すること
2. 被害を拡大する環境を取り除いて必要な応急処置を行うこと
3. 関係機関・関係者にどのような情報を伝えるか

Point! SOSネットワークなど地域における緊急時対応のしくみづくりに積極的に参加し連携を深めよう

PART3 認知症ケア計画の共有と実践、モニタリング

刑事事件にまで発展する例もある
認知症高齢者虐待の実態とは？

最近では家族だけでなく内部職員も告発者となるケースが増えています。

増加する介護施設内での介護職員による虐待

　厚生労働省の統計によれば、介護施設・事業者の職員による虐待事例が増えています。虐待というと身体的なものに目がいきがちですが、暴言をはく、利用者の人権を損なう言動をするといった、心理的虐待も発生しています。

　また、十分な食事を提供せずに利用者が栄養不足に陥るなど、いわゆる**ネグレクト（介護放棄）などプロにあるまじき行為が問題になるケース**もあります。ある施設では「入居者の栄養管理ができておらず、必要な食事量が摂取されていない」という内部告発が行政になされ、施設の指定が取り消されることがありました。最もひどいケースでは施設や事業所の職員・管理者が、本人の判断力などが衰えていることにつけこみ、認知症の利用者の財産を騙し盗るという事件もありました。このような職員による数々の違法行為・犯罪を見聞きしたとき、「自分達の施設・事業所は大丈夫」といえるでしょうか。

虐待を防ぐには組織の問題に目を向ける

　職員側の「介護とは何か」「利用者の利益とは何か」という理解が不十分であるために虐待につながってしまうと考えられます。調査結果を見ると、法人側に「虐待の発生要因」をたずねた項目で最も多い回答が「教育・知識・介護技術等に関する問題」で全体の5割を超えています。次が「職員のストレスや感情コントロールの問題」であり、「虐待を行った職員の性格や資質の問題」は3番目に留まっています。

　「介護」に対する認識不足や、それを改善するしくみがないことが、虐待ケースの増加を生みだしているという見方ができるのです。**「こういう行為をされたとき、自分が利用者ならどう思うだろうか」**という相手の立場に立った想像力を養うことが必要です。

介護職員による虐待の「違法行為」を防ぐ

介護施設・事業者の職員による虐待の事例

心理的虐待
- 暴言をはく
- 人権を損なう言動をする

ネグレクト（介護放棄）
- 入居者の栄養管理・健康管理がしっかりできていない
- 十分なケアがなされていない

最もひどいケース

職員の違法行為
グループホーム管理者などが本人の判断力が衰えていることにつけこみ、認知症利用者の財産を騙し盗る事件が発生

Point! 人権意識の醸成に加えて、認知症ケアの基本的な知識をきちんと身につけさせることも必要

COLUMN
「哲学」が認知症ケアをスムーズに!?

　現場の人から「認知症ケアのベースとなる教養は何か」という質問をときどき受けます。認知症ケアに必要な知識や技能であれば、さまざまな外部研修などで十分に修得することはできます。しかし、「それだけではない、前提となる教養的なもの」が、現場で働いていると「必要」だという意識が出てくるのかもしれません。

　私としては、以下の2つが必要と考えます。それは、哲学と歴史です。

　歴史については、認知症の人の長期記憶のベースとなる世界を知るうえで大切というのは理解できるでしょう。ところが、もう一方の哲学というと思わず眉をひそめられたりします。要は「人が周囲の世界をどのように認識し、それが人にどのような影響を与えているか」という構造を知る学問だということです。

　私たちは、目の前のことを認識するとき、いつもの習慣や社会的に常識や規範といわれるものを無意識のうちに「物差し」としています。ところが、認知症の人にとっての「物差し」となる習慣や常識は、見当識や判断力が衰えているがゆえに、私たちが持っている「物差し」とは微妙なズレが生じてきます。

　このとき、自分の持つ「物差し」がどんな具合に成り立っているのか（つまり、自分はなぜ今「こういう行動」をとっているのか）をきちんと意識できれば、相手の持つ「物差し」の成り立ちと何が違うのかを比較することができます。

　たとえば、認知症の人の中には、玄関に並べておくべき靴を持ってきて、テーブル上に並べるという光景を見ることがあります。私たちの習慣や社会常識から見れば「おかしなこと」となるわけですが、その人の行動の背景を掘り下げれば、「何かをきちんと整える」という点で私たちの行動と重なる部分が見えてきます。

　つまり、私たちの習慣や常識を唯一絶対とするのではなく、「そういう思考の流れもあるのだ」と相対的に理解できるかどうか。そこで初めて、本人への理解と寛容が生まれ、「よい関係づくり」の糸口が生まれるわけです。こういう柔軟な思考を鍛えるためにも、哲学を学習することは大きな意味があるといえます。

Part 4

ケア計画を動かすためのスキル・現場力向上

現場スタッフに求められるもの
認知症ケアに必要なスキルとは？

スタッフはどのような知識・技能を身につけるべきでしょうか。

まずは認知症をめぐる基本的な知識を修得

　Part3で、認知症の人の「進んで参加する姿」に向けたケア計画の作成と、それを適切に動かすための流れを見てきました。一連の流れをスムーズに進めるうえでは、かかわる現場スタッフが「流れを動かす」だけの知識や技能を身につけることが求められます。

　知識面で求められるのは、①認知症をもたらしている疾患とその中核症状の特徴があげられます。**認知症自体の特徴を知ることで、その進行にともなって、どのような配慮が必要になるのかが予測できます。それがケアに余裕をもたらすわけです。**

　次に、②どのような環境が本人のBPSDに影響を与えるのか。ここでは「人の心理」にかかわる知識とともに、疾患や服薬などの「医療」にかかる知識も必要になります。

実践にのぞんでの洞察力や対応力、思考力も

　ただし、どんなに知識をたくわえても、それを「目の前で起きている状況」と結びつけ、対処していくことができなければ意味はありません。

　そこで技能として必要になるのが、①まず「目の前で起きていること」を正しく把握する能力です。いわば観察力や洞察力（気づく力）ということになるでしょう。

　そのうえで、②BPSDにかかる知識を実際のケアとして発揮する能力が必要です。①で観察・洞察したポイントを受けて、相手との間の取り方や相手に向ける表情、言葉のかけ方などをマスターします。それによって、**本人のBPSDを緩和したり、「自ら進んで何かをする」という意欲を引き出したり、その人らしい暮らしの実現を図る**わけです。

　仮に「うまくいかない」状況が生じれば、③どこに問題があるのか、どう改善すればいいのかを考えぬき、改善を図るという「課題解決に向けた思考力」も必要になります。

認知症ケアを進めるうえで必要となるもの

知識や技能を身につける

認知症の特徴を知ることで、その進行にともなって、どのような配慮が必要になるのかが予測できる

人の心理にかかわる知識とともに、疾患や服薬などの医療にかかる知識も必要となる

必要となる技能

- 目の前で起きていることを把握する、**観察力や洞察力**
- 相手との**間の取り方**や相手に向ける**表情、言葉のかけ方**
- 改善を図るという**課題解決に向けた思考力**

Point! 知識を身につけても、目の前の利用者のケアに活かせなくてはダメ。改善に向けた思考力も大切

利用者とどのように向き合うか
利用者との接し方からマスター

前向きな反応を引き出すには、どのような態度・行動が必要でしょうか。

相手と向かい合う場合のポジションから考える

　認知症に対する知識を修得したうえで、実際の利用者と接する際にその知識をどう活かすかを考えましょう。まずは利用者と向き合う際のポジションどりですが、考慮したいのは、①認知症の人は認識できる視野が狭くなっている、②見当識（ここはどこなのか、この人は誰なのか）の衰えなどからくる空間への不安感が強いという点です。

　上記の点を考慮した場合、相手の視野にきちんと入ることをまず意識します。ただし、「正面から向かい合う」ことは威圧感を与えやすいので、直線軸からややずれたポジションをとります。このとき、自分の背景に「環境を認識しやすい風景」が入るようにします。

　たとえば、背景に大きな窓があって、外光が入ったり外の風景が見えたりすれば、「今はどれくらいの時間帯で、自分はどこにいるのか」をつかみやすくなります。衰えた見当識に少しでも引っかかる状況があることで、不安感を抑えることができるわけです。

長期記憶にかかわる「呼び名」や「話題」から

　そのうえで、相手と視線を合わせます。「この人は誰で、なぜここにいるのか」がわかりにくくなっている中、視線を合わせることで「この人は自分に何か用があるのだ」という意識を持ってもらうためです。相手との「気」をつなぐことがすべてのスタートです。「自分に用がある」ことを確信させるには、長期記憶に残っている「本人の名前」をきちんと呼びます。結婚して姓が変わっている人の場合、苗字だと「自分の名前」が認識できないことがあるので、「名」で「○○さん」と呼ぶようにするといいでしょう。

　その際に、本人の長期記憶につながる小道具（昔使っていた日用品など）を手渡しながら、相手が「進んで言葉を発することができる環境」を整えることも大切です。

利用者との大切な距離

考慮すべき点

① 認知症の人は認識できる視野が狭くなっている

「正面から向かい合う」ことは威圧感を与えやすい

② 見当職の衰えからくる空間への不安感が強い

不安感を抑える

自分の背景に認識しやすい風景が入るようにする

視線を合わせることで「この人は自分に何か用があるのだ」という意識を持ってもらえる

Point! 通称の方が反応しやすいことも。長期記憶に残っている「本人の名前」を呼んでみてもよい

ダウンロード対応

利用者との向き合い方のシート①

更新日 2016 年 6 月 16 日　更新担当者 ○○○○

フリガナ		□男 ☑女	要介護度	認知症の人の日常生活自立度	障害老人自立度	認知症関連評価
名　前	○○○子	79歳	2	Ⅱa	B1	

認知症の鑑別診断

※認知症主治医による診断を記す
※特に衰えている認知機能なども記す

アルツハイマー型認知症

中核症状の直近の進行

※認知症主治医の診断などをもとに、最新の状況を記す

本人のBPSDの直近の状況

持病や服薬による影響		その他環境等による影響	
※認知症主治医による意見を記す		※現状でどこまで改善されているかについて、現場の担当者の見解等を記す	
本人との「向き合い方」の基本		その根拠について	
名前の呼び方	○○さん	※認知症の病理や本人の生活歴、試してみて得られた結果などから、「なぜそうした方がいいのか」という根拠を記す	
コミュニケーションをとる際の本人との位置関係	※図示してもOK		
声かけのコツ	※音声のトーンや喋るスピードなど		
視線の向け方や表情	※図示してもOK		
ボディタッチ	※ふれる部分だけでなく、軽くさすったりした方が落ち着くことも		
入口の話題	※相手の見当識や長期記憶の状況に配慮		
活用すると有効な小道具	※その人なりの長期記憶に訴える小道具を用意		

※現場ごとに工夫しながら項目を追加していく

利用者との向き合い方のシート②

ダウンロード対応

> さまざまなケアへの誘導に際しては、
> **本人の「主体的にしている生活」を妨げないように注意する**

場面別の本人との「向き合い方」	その根拠について
起床時	
散歩や体操などの集団行動	
トイレ誘導	
お風呂誘導	
家事等の参加	
屋外の活動への参加	
食事へお誘い	
口腔ケア	
お茶など団欒へのお誘い	

本人が穏やかに過ごされているときのイメージ

※本人が穏やかに過ごしているシーンをスケッチに
※周囲にある小道具や音楽などの環境設定も描く

PART4 ケア計画を動かすためのスキル・現場力向上

利用者に何が生じているのか?
その場の課題を察知し共有するスキル

利用者と向き合い、どんな課題があるか察知する能力を磨きます。

その人らしさに向けた歩みがいつも順調とは限らない

　利用者とコミュニケーションの手がかりがつかめたら、そこから少しずつ「本人が進んで行う生活行為」を広げていきます。**最初は「本人の不安や混乱」を少しずつ取り除き、信頼を寄せるスタッフと一緒に何かをするという段階から入ります。**そこから少しずつ自発性を引き出すというステップを踏み、その人らしい姿へと歩みが進むわけです。

　とはいえ、いつも順調なステップを踏むとは限りません。たとえば、スタッフ側から何かをお願いしてやってもらうという流れの中で、何かの拍子にその行為がストップしたり、その場から離れてしまったりということも起こりえます。

「何か変だな」と思ったとき受け流さない習慣が大切

　このように、目標に向けたステップがせき止められる背景には、必ず何らかの原因があります。その原因何か、そこにある課題は何かを早期に察知すれば、本人の心理的な混乱や意欲低下が進むといった「こじれ」の前に解決することも可能です。

　この課題を「早期に察知する」ためには、本人の変化の予兆に気づくことが必要です。たとえば、急に表情が固くなる、落ち着きがなくなるといった具合です。**そのタイミングにしっかりアンテナを張ることで、「何が本人に影響を与えているのか」が見えてきます。**

　この点を考えたとき、本人をめぐるわずかな環境変化にも気づける感度が必要です。これを鍛えるのは簡単ではありませんが、普段の生活の流れで「何か変だな」と感じる瞬間は誰でも持っているはずです。その瞬間を「まあ、いいか」と受け流してしまうのではなく、「何が変なのだろう」と考える習慣をつけることは可能です。

　あれこれと考える習慣があれば、課題解決に向けた一歩が踏み出せることになります。

環境の変化に気づく習慣をつける

進んで行う行為を広げていくには……

- 本人の不安や混乱を少しずつ取り除く
- 本人が信頼を寄せるスタッフと一緒に何かを始める

⬇

心理的な混乱を早期に察知し、
変化の予兆に気づくことができる

「何か変だな」と感じる瞬間を
「何が変なのだろう」と考える習慣をつける

何が影響を与えているのか、環境変化に気づける感度が必要です

ご本人の体調かな？

周囲の音や匂いかな？

Point! たとえば日々の記録を読む中で、「このとき利用者に影響を与えたものは何か」などを考える習慣を

ダウンロード対応

課題解決力を高めるための研修シート①

内部での認知症ケア研修の際に活用しよう

認知症の人の「困り事」を解決するために

ご本人	○○○○さん（女性・72歳）

基本情報

本人の生い立ち・生活歴	認知症になってから現在までの流れ
※本人が認知症になる前に「していた」趣味や活動などについても記す	※認知症の鑑別診断や症状なども記す
持病などにかかる既往歴	**本人の運動機能の状況など**

本人が困っていること

※パーソン・センタードの基本に立ち、あくまで「本人にとっての困り事」を設定する。

晩ご飯の用意をしたいが、買い物に行くのに財布がどこにあるのかわからない。買い物先までの往復の道順がわからない。出かけようとすると周囲の人（実は家族）に押し止められてしまう。

ここまでをあらかじめ記しておき、
上記の「困り事」を解決するにはどうすればよいかをスタッフに考えさせ、
その道筋を次のページのシートに書き込んでもらいようにする

ダウンロード対応

課題解決力を高めるための研修シート②

スタッフに課題解決の道筋を考えさせて
以下のシートに書き込んでもらおう

本人の「困り事」を解決するための課題設定

課題1	※本人にとって「どのようなことが実現できれば困り事が解決するのか」を、あくまで本人の目線で設定する。実現するための課題が複数ある場合は、1、2という具合にマス目に沿って箇条書きにしていく
課題2	
課題3	

各課題を解決するために「どのような支援」を求めたいのか

課題1	支援①	※「○○をしてあげる」という支援者側目線ではなく、あくまで「○○を求めたい」という本人目線で記す
	支援②	
	支援③	
課題2	支援①	
	支援②	
	支援③	
課題3	支援①	
	支援②	
	支援③	

上記の「支援」によって「困り事」が解決していく様子を描く

※本人がまず「何をしよう」としているか→そこで「どんな困り事」が生じるか→そこで「どのような支援」を求めるか→その支援によって「自分（本人）がしよう」としていることは実現できるのか…という流れで記していく

「困り事」が解決したことで、本人はどのような気持ちになるか

※最後に「困り事」が解決したあとの「本人の感想・気持ち」を、本人になったつもりで記す。これがパーソン・センタードの基本を見つける訓練となる

もうすぐ帰ってくる家族のために晩ご飯が作れるのでほっとしている。家族に合わせる顔ができたので、それまでほっと一息つきたい

PART4 ケア計画を動かすためのスキル・現場力向上

自分自身が利用者に与える影響も
スタッフ自らが自分を振り返る習慣づくり

支援者の心の状態が「利用者のBPSD」に影響を与えることもあります。

「自分が今平常ではない」ことに気づけるか

　認知症の人の場合、家族の心理状況が「本人への言動」を無意識にきつくすることがあり、それがBPSDの悪化に結びつくという可能性もあります。

　同じことは、プロの支援者にも当てはまります。仮に支援者が心や身体に強い疲労などを感じている場合、自分では「冷静に本人と接している」というつもりでも、無意識に言動が荒くなってしまうことがあります。これも認知症ケアでは、大きな課題の一つです。「プロなのだから感情のコントロールくらい当然」とはいっても、やはり人間ですから、自分ではままならないこともあります。そこで大切なのは、**「自分が今平常ではない」ということに気づけるかどうか**です。仮に最初から感情の揺らぎを防ぐことができなくても、それに気づくことで「修正する」という意識が芽生えます。

「原因を探る」ことで冷静さが取り戻せることも

　そこで必要になるのは、「今の自分の心身の状態を振り返る」という習慣です。

　たとえば、何となくイライラしているという場合、「それはなぜなのか」という視点で自分を見つめます。すると、「昨日友人とケンカした」とか「寝不足が続いている」といった具合に原因をいくつかピックアップすることができます。

　大切なのは、「原因を探る」こと自体が、冷静さを取り戻す機会になるという点です。また、身体の状態が感情に影響しているなら、「身体の不調を癒す」といった解決の方向性を得ることができます。自己管理力を鍛えることにもつながるでしょう。

　そのうえで、組織として行いたいのが、**「スタッフによる自身のヘルスケアチェック」をマニュアル化する**ことです。定期的な面談によるメンタルケアも求められます。

感情のコントロールが及ぼす影響

支援者

心や身体に強い疲労などを感じている場合、無意識に言動が荒くなる

- 大切なのは「自分が今平常ではない」ということに気づけるか
- 今の自分の心身の状態を振り返り、修正する意識が必要

原因をピックアップする
- 身体の不調を癒す
- 自己管理力を鍛える

組織的なヘルスケアチェックや定期的な面談によるメンタルケアも求められている

PART4 ケア計画を動かすためのスキル・現場力向上

Point! 勤務前に「自身のヘルスケアチェック」を習慣づけたい。定期的な面談によるメンタルケアも必要

ダウンロード対応

課題解決力を高めるための研修シート③

研修の一環として、「自分の体調やメンタルなど」を自身で客観的に把握するための習慣づくりを行う。その際のツールとして活用する

従事者氏名	従事者職歴など
○○○○ （男性・○歳）	介護業種歴5年　現在の職場での就業歴3年5ヶ月 保有資格:介護福祉士　役職:ユニットリーダー その他:認知症実務者研修修了（2014年3月）

現在の自分の状態を描く	左記の状態をもたらしている原因
眠い。イライラしている。最近、ご利用者と向き合うと、とても疲れることが多い ※今の自分自身の状態（体調やメンタルの状況）などを正直に記す。イラストや吹き出しなど、ビジュアルを活用すると書きやすくなる。	※それが正しいか否かにこだわらず、思いつくだけ上げてみる。「原因を探るための思考を続ける」というクセをつけることが目的 ※自分のトラウマとなっている過去の体験まで掘り下げてもいい。（シートは原則として回収しないので、プライバシーは保たれる。回収する場合は匿名としておく）

上記の原因を解決するためには、何が必要か？

【自分でできること】

【組織や仲間、家族の協力が必要なこと】

> 「自分でできること」と「周囲の協力が必要なこと」をきちんと分けることで、自助努力でできる範囲を意識させることができる

たとえば、普段は「現場のシフト改善」や「人手不足の解消」という自助努力以外の部分に頼りがちだが、
冷静に考えてみると「自分でできること」もある
という点に気づくことで、**解決への道筋が開ける**ことも

ダウンロード対応
従事者のための「相談申請」シート

従事者に「職場での悩み」がある場合、管理者等による「相談受付」をフォーマルなしくみとする（社内ネットなども活用）。相談者としては「悩み相談も業務の一環である」という意識につながり、悩み事がこじれる前に現場の課題としてキャッチすることができる。その際に、以下のような「相談申請」のためのシートを用意しておくと、相談が進みやすくなる

相談者氏名	相談者職歴など
山本○夫 （男性・○歳）	入職2015年6月　配属：○○○部署 保有資格：介護福祉士　役職：ユニットリーダー その他：認知症実務者研修修了（2015年6月）

相談したい内容（該当する項目に○・複数回答可）

・体調のこと　・メンタル面のこと　・業務上のこと　・職場の人間関係
・私的な生活上のこと　・対ご利用者のこと　・その他（　　　　　　　　）

具体的な相談内容について

相談①	
相談②	
相談③	

希望する相談スタイル（該当する項目に○・複数回答可）

・管理者面談　・社内ネットでのやりとり
・事業所内会議での取り上げ
・その他（　　　　　　　　　　　　　　　　　　　　　　　　　　　　　　　　　）

相談に対して希望するリターンの形（該当する項目に○・複数回答可）

・解決策の提示　（・面談にて　・文書等にて　・事業所内会議等にて）
・継続的な相談援助
・とにかく話を聞いてくれればよい
・その他（　　　　　　　　　　　　　　　　　　　　　　　　　　　　　　　　　）

その他、相談に際して訴えたいこと

相談受付担当　○○○○

PART4　ケア計画を動かすためのスキル・現場力向上

組織としての取り組みを考える
事業所・施設での計画的な研修を

研修内容や時期の設定、効果を上げるためにはどうしたらよいでしょうか。

まずは、認知症関連の3つの研修計画を整える

　ここまで、認知症ケアにかかわるスタッフが身につけたいスキルを述べてきました。**そのスキルを組織全体で底上げしていくためには、計画的な研修が必要**になります。

　研修としては、①全員参加の集合研修、②スタッフ個人のスキルチェック、③キャリアステップとしての各種外部研修への参加といった内容が考えられます。

　まず、①ですが、認知症にかかる介護や医療の知識に次々と上積みや更新がなされる中で、最低でも1ヶ月に1回は、新しい情報を皆で確認するという機会を持ちたいものです。また、業界団体などからの通知などがあれば、そのつど朝の申し送りなどの機会に読み合わせたうえで、事業所内掲示板に貼って常に確認できるようにしましょう。

介護報酬上の加算要件となっている外部研修も

　②については、事前にチェックリストを設け、管理者などがアセッサー（評価者）となってスタッフ一人ひとりの現場ケアチェックを行います。その後に、当のスタッフが比較的余裕のある時間帯を利用して、評価結果をもとに面談を行います。

　③については、認知症関連の4つの研修をまずベースとします。具体的には、**平成28年度からスタートした認知症介護基礎研修に加え、認知症介護実践者研修、認知症介護実践リーダー研修、認知症介護指導者研修**です。後者3つは、介護報酬の認知症ケア関連の加算要件になっているケースもあります。いずれも、段階的な要件があるので、どのスタッフにいつ受講してもらうかという計画をあらかじめ立てておきましょう。

　上記以外にも、都道府県ごとに独自の研修も設けられています。行政のHPなどをチェックして、自事業所のニーズに合った研修をピックアップしておきましょう。

組織全体での計画的な研修が必要となる

認知症関連の3つの研修計画

① 全員参加の集合研修

認知症にかかる介護や医療の知識・情報は次々と更新されるので、最低でも1ヶ月に1回は新しい情報を皆で認識する機会を持つようにする

② スタッフ個人のスキルチェック

- 事前にチェックリストを設け、管理者などが一人ひとりのチェックを行う
- 比較的余裕のある時間を利用して評価結果をもとに面談を行う

③ 各種外部研修の参加

- 認知症介護基礎研修（平成28年度からスタート）
- 認知症介護実践者研修
- 認知症介護実践リーダー研修
- 認知症介護指導者研修

 行政のHPなどをチェックし自事業所のニーズに合った研修をピックアップする

Point! 現場に即応する点で特に重視したいのが②。チェックリストやアセッサー（評価者）の養成がカギに

PART4 ケア計画を動かすためのスキル・現場力向上

入職したての人材に必要なのは?
現場の新人として最初に学ぶべきこと

初めて現場に入る人に、認知症ケアへの感動をはぐくみましょう。

認知症介護基礎研修への参加に加えて心得たいこと

　入職したばかりの新人にとって、事前の現場実習などは経験していても、本格的な業務としての認知症ケアは初めての体験となるケースが多いでしょう。

　最初のステップとして、外部研修には認知症介護基礎研修はありますが、だいたいは座学を中心として1日で修了するカリキュラムとなっています。認知症の原因疾患やBPSDに関する理解、基本的なコミュニケーション技法などは学べますが、即戦力として現場のケアを進めていくには、それぞれが日々心得ておきたいことがあります。

その人の主体的な可能性を身をもって感じる機会を

　まず大切なのは、プロとして**「認知症という症候群」に向かい合うだけでなく、「尊厳をもった人間」と向き合っている**のだという感覚を鍛えることです。これを自分の中にきちんと備えていないと、「その人に何かをしてあげる」という上からの発想が強くなり、その人の「主体的な（自ら進んで行う）生活」を引き出す視点が薄くなりかねません。

　大切なのは、「その人の主体的な可能性」に感動し、人として心から尊敬するという体験です。これがあってこそ、長い職業人生を乗り切る勇気がつちかわれます。

　事業所の中には、新人に対して「利用者と向き合うポジション」などは教えますが、そこから先はあえて「何もしない（話しかけもしない）」ことを命じているケースがあります。

　最初は緊張して表情などが固くなるので、利用者との間には心理的な溝が生まれがちです。しかし、その空気に「身を委ねる」という感覚がわかってくると、利用者からお茶を入れてくれたり、話しかけたりする光景が生じてきます。こうして、「その人の主体的にしていること・できること」を身をもって感じ取っていくわけです。

利用者とスタッフの間の溝を埋める

プロとして大切なのは……
「**尊厳を持った人間**」と向き合っているという感覚を鍛えること

 その人に「**何かをしてあげる**」という考え

 お世話的発想が強くなり、「主体的な生活」を引き出せない

 その人を「**心から尊敬する**」という意識

 「主体的にしていること・できること」を身をもって感じ取ることができる

場の空気に身を委ねる感覚をつかもう

Point! 利用者に対するお世話的発想から脱皮して、その人の主体的な活動に感動する機会を持とう

現場に慣れてきたら次のステップ
意識して実践したいスキルアップ法

次は「その人に興味・関心を持つ」という段階に進みましょう。

自分が意識して「その人の世界」に歩み寄る

　認知症ケアのもっとも重要なポイントは、利用者に自分を「受け入れてもらえるかどうか」にあります。前項で述べたように、**「利用者が作り出す空気になじむ」というのは、その第一歩**です。しかし、その人に受け入れてもらうには、さらなる歩みが必要です。

　ここで大切になるのは、「今、その人が何を思い、どんな世界にいるのか」に思いをはせることのできる想像力です。認知症の人と寄り添うスタッフが同じ空間にいるとしても、そこから受け取っている感覚や情報はまったく異なっていることがあります。

　そのため、スタッフの視点や思い込みだけでその人との関係を築こうとしても、なかなかうまくいきません。だからこそ、**自分がその人の世界に近づくことが必要**になります。

「認知症高齢者疑似体験プログラム」なども活用

　自分の意識を転換させるうえで、たとえば一つのきっかけとなるのが「認知症高齢者擬似体験プログラム」などに参加してみることです。

　長寿社会文化協会（WAC）が開発したプログラムでは、ヘッドマウントディスプレイを装着して、認知症の人の心象風景を体験することができます。

　普段私たちが見ている風景が、認知症の人にはどう見えているのか、生活行為のうえで何がハードルとなっているのかが実感できます。事業所や施設として、WACから講師を派遣してもらって研修機会を設けてもいいでしょう。

　そのうえで、**「目の前の認知症の人がなぜそういう言動を見せるのか」**ということに、**常に興味・関心を持つという習慣を意識**します。それがそのままBPSD対応に必要な洞察力をはぐくみ、相手の長期記憶を理解する糸口にもつながっていきます。

その人ならではの「今の気持ち」を認識

その人は何を思って、どんな世界にいるのだろう……

たとえば
「認知症高齢者疑似体験プログラム」に参加
ヘッドマウントディスプレイを装着し、認知症の人の心象風景を疑似体験する

- 認知症の人たちにとって、生活行為の何がハードルとなっているかを実感できる
- 認知症の人の言動に興味・関心を持つ習慣が意識づく
- 洞察力をはぐくみ、長期記憶を理解する糸口がつかめる

Point! その人の見ているもの・感じているものに興味・関心を持つことが、BPSD対応の糸口にもつながる

スタッフが成長するための計画を
認知症ケアにかかるスキルアッププラン

スタッフにも「さらなる成長」に向けたプランを計画しましょう。

認知症ケアに向けたスタッフの課題は皆違う

　認知症ケアに必要なスキルについて、スタッフが抱えている課題は一人ひとり違います。したがって、全員一律の研修などを行うだけでは、そのスタッフに合ったスキルアップの課題はなかなか解決することはできません。その点は、利用者が「自分らしい生活」を実現するうえでの課題が一人ひとり違うのと同じです。

　利用者には、その人個別の課題を解決するためのケアプランがあり、そのプランを現場で実践していくためのケア計画（個別サービス計画）があります。**現場でスキルアップを目指すスタッフにも、同じように個別のプランが求められます。**

ケアプランになぞらえた課題分析と目標設定を

　このスタッフのためのスキルアッププランは、112ページで述べたスキルチェックをもとにアセッサー（評価者：現場管理者など）が手がけるのがいいでしょう。

　利用者のケアプランになぞらえたとき、先のスキルチェックはアセスメントにあたります。そして、面談でそのスキルチェックの結果を当事者とアセッサーで確認したうえで、現場でどのようなスキルを高めていきたいかを明らかにします。

　たとえば、「BPSDが悪化している利用者に対する初期対応力を高める」という意向があったとして、そのためには何が必要なのかをアセッサーと一緒に考えます。ケアプランでいえば、課題分析となります。そのうえで、どこまでスキルを伸ばしていけば、その課題が解決できるのかという長期・短期の目標を設定することになります。

　大切なのは、**定期的に目標達成度をモニタリングし、達成が難しい状況があれば、何が足りないのかを再び考えること。**この繰り返しがスキルアップにつながっていきます。

スタッフの成長に向けたプラン計画

スタッフが抱える課題は一人ひとり違う **個別のスキルアッププランが必要**

スタッフのためのスキルアッププランとは？

面談でスキルチェックを確認したうえで、どのようなスキルを高めていきたいかを明らかにする

課題分析 BPSDが悪化している利用者に対する初期対応力を高める

- そのためにはどんなスキルが必要か？
- どうすれば課題解決につながるのか？

をアセッサー（評価者）と一緒に考える

課題解決のための**長期・短期の目標を設定**し、定期的に**目標達成度をモニタリング**する

Point! スキルチェック結果とスタッフの意向をすり合わせ、何が必要か・何を目指せばいいのかを設定する

PART4 ケア計画を動かすためのスキル・現場力向上

認知症ケア人材「スキルアッププラン」①

ダウンロード対応

2016 年 4 月 12 日　アセッサー： ○○○○

従事者氏名	従事者職歴など
山本○夫 (男性・○歳)	介護業種歴5年　現職場での就業歴2年5ヶ月 保有資格：介護福祉士　役職：ユニットリーダー その他：認知症実務者研修修了（2014年6月）

アセッサーによる業務評価	業務に対する自己評価
※従事者が「手がけている業務」に対するアセッサーの評価（「できていない」という負の評価ではなく、「こうした業務が得意」といったプラスの評価を） ※右記の自己評価とのすりあわせたうえでの総合評価も書き込む	※従事者当人が、「自分はこんな業務が得意」という自己評価を記す

従事者のキャリアステップに向けた意向

※この職場で「どのようなスキル」を高めていきたいかという意向を記す
※上記の業務評価などと照らし、理想と現実のバランスをとりながらまとめる

利用者の健康状態を改善しつつ、持病などの影響によるBPSDの改善に貢献したい

意向の実現に向けた課題

課題①	認知症の人の合併症について学びたい
課題②	
課題③	

課題解決に向けた目標設定

課題①に対する目標1	
課題②に対する目標2	
課題③に対する目標3	

認知症ケア人材「スキルアッププラン」②

前項の「目標」に向けた具体的なステップ

目標1	ステップ①	地域医療連携の外部研修に参加する
	ステップ②	外部研修の成果をもとに医療アセスメントを担当
	ステップ③	
目標2	ステップ①	
	ステップ②	
	ステップ③	
目標3	ステップ①	
	ステップ②	
	ステップ③	

各ステップにおいて事業所やチームに求めたい支援

目標1-①	※基本的に「自助」のみで行う部分については記さなくてもOK
目標1-②	※「シフト変更を望みたい」など、チーム全体との調整が必要な支援については、「要検討」とし、その見当結果を管理者が赤字で記す
目標1-③	

各目標の進ちょくについて

	自己評価	アセッサー評価
目標1		
目標2		
目標3		

総合評価

自己評価	アセッサー・管理者による評価
	※査定や役職への反映が確定した場合は、その旨も加筆する

PART4 ケア計画を動かすためのスキル・現場力向上

現場で取り組んでみたい「認知症の寸劇」

　介護現場では、実際のケアを身体で修得するのに「ロールプレイ」という手法がよく使われます。ある状況を設定して、その場面での対応を実際に「やってみる」ことで、頭で吸収した知識だけではわからない「気づき」が生まれます。そしてそこに「ロールプレイ」を行うことの大きな意味があります。

　この「実際にやってみる」というのは、認知症の人の気持ちになる、つまり「パーソン・センタード」の基本を身につけるうえでも大切なことです。本Partで「認知症高齢者疑似体験プログラム」を紹介しましたが、そこから一歩進んで、「実際に認知症の人になってみる」ことが、本人への理解を進める大きな力となります。

　そこでお勧めしたいのが、「認知症の人やその家族」の生活を寸劇にしてみることです。よく一般の人向けの介護教室などで、地域包括支援センターの職員などが登場人物となって、「認知症の人にどう対応すればいいか」をテーマにした寸劇を披露することがあります。「百聞は一見にしかず」を実践した啓発手法といえます。これを自分の事業所や施設でも、やってみるというわけです。たとえば、地域の人を招いて披露することにより、認知症への理解を広めつつ、地域のサポート力を向上させるうえでは有効です。地域のサポート力の向上は、めぐり巡って「現場の従事者の負担」を軽減することにもつながっていきます。

　この認知症サポートをテーマとした「寸劇」は、地域への啓発という効果だけでなく、先に述べたように「やってみる」ことでの気づきを生み、現場における認知症ケアのスキルを上げるうえでも期待は大です。

　たとえば、役柄として「認知症の当事者」と「その家族」を演じたとします。これは演じるということの不思議な効果で、その役柄に入っていくことで、本当に「その人」になった気持ちが体験できる瞬間があります。

　普段接している認知症の人やその家族に対し、「この人はこういう気持ちになっているんだ」と実感できる機会は、従事者を大きく成長させてくれるはずです。

Part 5

認知症ケアを支える多職種・多資源との連携

認知症ケアは地域で広げていく
多職種・多資源と連携する重要性

認知症ケアは事業所や施設の中だけで完結するものではありません。

認知症ケアは「地域全体がフィールド」

　認知症ケアで大切なポイントの一つに、「地域全体がフィールド」という視点があります。**パーソン・センタードの理念や、本人の心理、行動に与える多様な環境を考えた場合、一つの事業所や施設の中で完結させるのは、極めて不自然**だということです。

　たとえば、私たちの暮らしを考えてみましょう。日常生活で「屋内の同じ場所に何時間も座って過ごす」ことはほとんどないでしょう。仮にそうやって過ごすことを強いられたとしても、苦痛のあまり「そこから逃げ出そう」とする心理が働くはずです。

　認知症の人も同じことです。認知症の人の場合、「なぜ自分がこの場所（通所のサービス事業所など）にいるのか」という見当識が衰えているわけですから、動機づけの背景が乏しい分、苦痛はさらに強まります。本人のBPSDにとってもいい影響は与えません。

多様な環境要因を考慮すれば地域の多機関連携も

　認知症の人は地域で暮らしていて、そのフィールドの中で「自分らしい生活の姿」を見つけようとしています。その**パーソン・センタードの考え方に沿えば、地域の多様な場所や活動機会などに囲まれながら、認知症ケアを進めることが当たり前**といえます。

　また、本人の心や身体には、環境面でのさまざまな要素が影響を与えます。その影響を多様なフィールドの中で改善していくとなれば、いろいろな立場の機関や専門職がかかわることも、認知症ケアではやはり欠かせないことです。

　持病の悪化がBPSDに影響を与えているのであれば、医療・看護の専門職との連携が必要です。適切な服薬管理が必要なら、薬局の薬剤師の存在も重要でしょう。本人が一人で外出して帰れなくなれば、SOSネットワークとのかかわりも欠かせなくなります。

多様な場所や機会の中で認知症ケアを進める

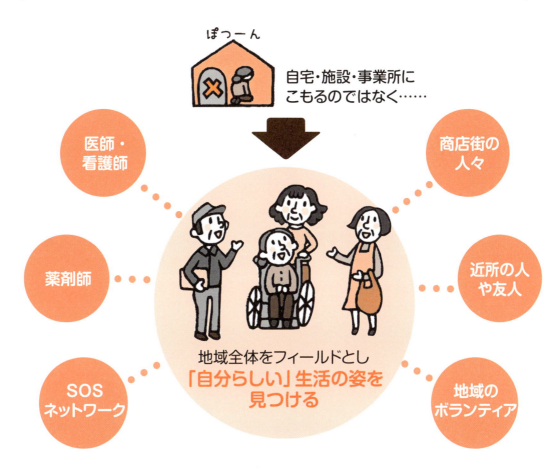

BPSDに影響を及ぼす要素を改善するために
さまざまな専門職や機関とのかかわりが欠かせない

Point!
自分の生活を振り返れば、「一つの場所でじっとしている」ことの苦痛がよくわかる

本人の生活フィールドを広げるには
地域の多資源への働きかけが大切

生活の中でケアの資源を拡大するには、どうしたらよいでしょうか。

市町村が手がける認知症総合支援事業とは

　市町村が手がける地域支援事業では、認知症総合支援事業が大きな柱の一つとして位置づけられています。この事業に沿って、各市町村は平成30年度までにたとえば以下の2事業を行わなければなりません。1つが、**認知症の人に対する早期の鑑別診断や本人と家族への初期対応を行う「認知症初期集中支援チーム」**の創設。もう1つが、**認知症に対するさまざまな地域資源の整備を進めるための「認知症地域支援推進員」**の配置です。

　後者の認知症地域支援推進員は、たとえば「認知症カフェ」や「認とも」などの企画・運営、相談支援体制の構築などを進めることが義務づけられています。

認知症ケアの現場から企画する地域資源づくりも

　上記の「認知症カフェ」などは、認知症の人の「地域における居場所づくり」として大きな役割を果たします。ただし、パーソン・センタードの考え方に立てば、本人が主体的にその場に出向き、「自らしている生活」を広げていくという視点が欠かせません。

　その点を考えたとき、**地域の中で本人が「積極的に参加していく場」を、本人目線で築いてゆくことも必要**です。これも認知症ケアの大切な役割と考えたいものです。

　たとえば、認知症の人とスタッフが一緒に街へ出てみると、とある商店の前に置かれたベンチに座り、学校から帰宅する児童と雑談したり、来店するお客さんに「いらっしゃい」と声をかけたりという「活動」が見られたとします。

　それならば、「その店をその人が活動する場」と位置づけ、店の人と連携しながら「入口接客や子どもの見守り」という役割を果たしてもらうという企画が浮かんできます。このように、認知症ケアの現場から地域資源を作っていくこともできるわけです。

「している生活」を広げるための新しい事業

地域包括支援センター等

認知症地域支援推進員	＋連携	認知症初期集中支援チーム
保健師・看護師等		・医療系職員 ・介護系職員 ・専門医
地域の実態に応じた認知症施策の構築		複数の専門職による個別の訪問支援

「自らしている生活」を広げていく

認知症カフェなどは、
「地域における居場所」づくりとしての役割も果たす

PART5 認知症ケアを支える多職種・多資源との連携

Point! 認知症の人と一緒に街へ出てみよう。その人が地域で「進んで何かをする」という姿が浮かんでくる

既存の資源との関係も深めたい
「認知症カフェ」や「認とも」との連携

地域資源を有効に活用するためにはどうしたらよいでしょうか。

国が推し進めている「認知症カフェ」「認とも」

　平成26年度の段階で、全国の「認知症カフェ」の設置数は655ヶ所となっています。この「認知症カフェ」とは、通所介護や公民館の空き時間を利用して月2回程度開催、認知症の人にとっては自ら活動し、地域の人と交流を広げていく場所となります。

　また、家族や認知症ケアのスタッフも一緒に参加することで、他の参加者と思いを分かち合うことができるほか、**「生活の場での本人の可能性の広がりや新たな課題」に気づく機会ともなります**。多様な人々にとって大きなメリットが期待されています。

　さらに、この「認知症カフェ」で本人と顔なじみになったボランティアなどが、その後に本人宅を訪問して一緒に過ごすという取り組みもあります。これが「認とも」です。居宅での本人の穏やかな生活をサポートすることで、家族のレスパイトにもつながります。

事業所として「認知症カフェ」をどう活かす？

　こうしたせっかくの地域資源に対して、認知症ケアを専門的に手がけるスタッフとして有効にかかわるにはどうすればよいでしょうか。何よりも**「本人の地域における活動フィールド」が広がることで、事業所や施設の中では見られない「本人の可能性」を発見し**、それを今後のケア計画に活かしていくことができます。

　まずは、市町村の介護保険担当部署などから、最寄りの認知症カフェの情報を得て、利用者と一緒に出かけてみましょう。主催団体によっては、認知症カフェ以外のさまざまな支援活動（家族介護者教室など）を行っている場合もあるので、自事業所と一緒にできることを模索してもいいでしょう。たとえば、利用者が主体となって地域交流のイベントなどを開催する際に、お手伝いなどをお願いすることができるかもしれません。

家族のケアにもつながる「認知症カフェ」

認知症カフェとは？

- 認知症の人や、その家族や地域住民などが集う場として提供され、交流・情報交換をしたりすることが目的
- 認知症の人がカフェのスタッフとして働いたりしながら、自分の存在意義を確認するという役割も果たす

メリット
- 可能性の広がりや新しい課題の発見
- 同じ認知症介護者と思いを分かち合うことができる
- 家族のレスパイトケア　など

認知症カフェの取り組み例

- 開催頻度 …… 1～2回／月
- 場所 …… 通所介護施設や公民館を利用
- 開催時間 …… 2時間程度
- 参加費 …… 100円／回（飲食代等）
- スタッフ …… 地域包括支援センターおよび併設事業所（看護師、理学療法士、ケアマネジャー、社会福祉士等）
- 内容 …… 特別なプログラムは用意せず、利用者が主体的となって自由に過ごす。話題がないときは、メモリーブックを活用する等スタッフが話題のきっかけづくりを支援

出典：厚生労働省「認知症施策関係」

Point! 利用者と一緒にカフェに行ってみることで、事業所・施設では見られない一面が出てくることも

PART5　認知症ケアを支える多職種・多資源との連携

自事業所も多様な地域交流の場に
地域に働きかける さまざまな企画

こちらから地域へ働きかける啓発や場の提供なども必要です。

地域の人々を「サポーター」として育てていく

　こちらから地域のさまざまな資源にアクセスするだけでなく、自事業所・施設を地域のための資源として開放することも大切です。これには、2つの目的があります。

　1つは、認知症サポーター養成講座や家族介護者教室などを開催することで、地域の人々に「認知症にかかわる啓発」を行っていくという点です。地域の人に認知症やそのケアの必要性を知ってもらえば、**利用者が地域というフィールドに出て行ったとき、そこでの「その人らしい社会参加」をサポートしてくれる存在**となりえます。

　そのためには、認知症に関する知識を教えるだけでなく、「自事業所・施設でその人らしさをどう引き出しているか」という実践例を紹介するといいでしょう。それが、地域の人に「自分たちにもできることがある」という意識を生むことにつながります。

利用者が主催者となって「地域貢献」を果たす

　もう1つは、前項でも述べたように「利用者が主体となったイベント」に地域の人を招くという機会です。あくまで主催は利用者（スタッフはそれをサポートする存在）であり、地域の人はそこに招かれるお客さんとなります。

　たとえば、利用者が菜園で作った野菜を振舞ったり、お客さんにお茶はコーヒーを出したりという1日カフェを開くといった具合です。利用者にしてみれば、地域に対して「何かをしてもらう存在」ではなく「こちらから貢献をする」という立場になります。これは、本人の「役割意識」を高めて、心理的な安定をもたらすことにもつながります。

　ただし、**スタッフが企画して、利用者をそこに当てはめるという発想ではうまくいきません。あくまで利用者が地域に対して「何をしてあげたいか」を尊重する**ことが大切です。

地域住民に働きかける企画内容

認知症サポーター養成講座や家族介護教室の開催

→ 認知症にかかわる啓発を行うことで、利用者が地域に出たときに、サポートしてくれる存在となる

事業所・施設で行っている実践例を紹介し、**「自分たちにもできることがある」という意識を芽生えさせる**

利用者が主体となったイベントの開催

→ 地域に「してもらう」存在でなく、「貢献をする」立場となり、利用者の役割意識が高まる

スタッフが企画し、利用者を当てはめるのではなく**利用者が地域に対して「何をしてあげたいか」を尊重する**

Point! 利用者の「こうありたい」という思いに注目すれば、地域貢献できる可能性はいくらでもある

いざという時は地域の力が頼り
多機関によるSOSネットワーク

利用者の行方不明事例などにおいては、地域全体の支えが必要です。

認知症の人が行方不明になるケースが増える中で

　認知症高齢者が一人で外出したまま帰ってこられなくなり、行き倒れやさまざまな事故に巻き込まれるケースが増えています。事業者や施設、そして家族としては、本人の服や靴にGPS端末を装着するなどの対策をとっている例もあるでしょう。

　しかし、それでも発見が難しい場合があります。そうしたいざという時、**早期発見につなげるには地域のネットワーク（SOSネットワーク）の機能が欠かせません。**

　たとえば、行政や警察、公共交通機関、郵便・宅配事業者、地元の商工会、自治会などが連絡網を設け、認知症の人が行方不明になったときに「当人の特徴」などの情報を素早く共有することで、早期の発見と保護につなげるというものです。

　地域によっては、関係機関や地域住民が参加しての「行方不明事例が発生したことを想定した模擬訓練」を行ったり、家族からの申し出により「本人の氏名や特徴」などを行政でデータベース化したりといったケースも見られます。

自然災害などを想定した「地域支援体制」にも参加

　認知症ケアを手がける現場としては、①まず地域に上記のようなネットワークやシステムがあるのかどうかをまず確認し、②介護事業者としてネットワークに参入するにはどうすればいいか、③関係機関との的確な情報共有を図るにはどうすればいいか──などをリスクマネジメントの一環として、検討しておく必要があります。

　また、火災や自然災害などが発生したとき、利用者の保護を図るには、現場のスタッフだけでは難しいこともあります。たとえば、**災害弱者となる高齢者の「所在確認マップ」などを地域で作成する場合、やはり介護事業者として積極的に参加したいものです。**

SOSネットワークで、行方不明者の早期発見につなげる

SOSネットワークとは?

行政や警察、公共交通機関、郵便・宅配事業者、地元の商工会、自治会などが連絡網を設け、認知症の人が行方不明になったときに「当人の特徴」などの情報を素早く共有することで、早期の発見と保護につなげる

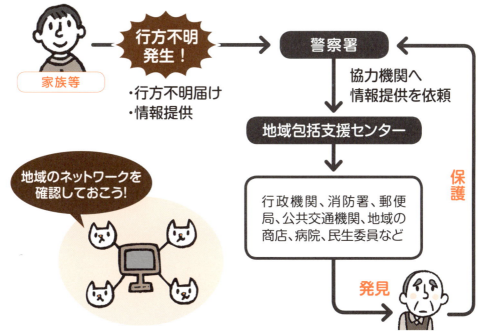

SOSネットワークの例

家族等 → 行方不明発生！ → 警察署
・行方不明届け
・情報提供

警察署 → 協力機関へ情報提供を依頼 → 地域包括支援センター → 行政機関、消防署、郵便局、公共交通機関、地域の商店、病院、民生委員など → 発見 → 保護 → 警察署

地域のネットワークを確認しておこう！

PART5 認知症ケアを支える多職種・多資源との連携

Point! 地域にどのようなネットワークがあるかを確認したうえで日頃から積極的に参加していくことが重要

認知症初期集中支援チームとの連携

新たな多職種連携をどう活かす？①

認知症初期集中チームとの付き合いはどうしたらよいでしょうか。

平成27年度は306の市町村でスタート

　市町村が運営する地域支援事業の一環として、新たに誕生したのが「認知症初期集中支援チーム」です。これは、**保健師や看護師、介護福祉士、社会福祉士、精神保健福祉士など「医療系＋介護系」の専門職によって構成されるチーム**です。

　このチームは、認知症サポート医の指導・助言のもとで、認知症の人やその家族を訪問します。そのうえで、認知症の鑑別診断などを勧めたり、本人のBPSD緩和に努めたり、家族のサポートを行います。初年度となる平成27年度は306の市町村でスタートしています。そして、平成30年4月までにはすべての市町村で設置される予定です。

介護現場につながる前の「交通整理」の役割

　認知症の人の場合、初期の段階で受診を拒否したり、不穏状態が激しい中で家族が疲弊したりし、それが「適切なサービスにつながらない状況」や「家族による虐待リスク」などにつながりやすくなります。よく「本当に困っている人ほど介護サービスにつながりにくい」といわれます。その結果、介護サービスにつながった時にはかなりケースがこじれている場合も多く、それが現場のスタッフの負担を増している背景ともいえます。

　その点で、こうした初期段階での集中支援によって、適切な認知症ケアにつなげる交通整理がなされれば、その後のケアの進行もスムーズになるわけです。

　ただし、課題を抱える本人や家族の存在を把握したり、スムーズな初期対応ができるかどうかは、各市町村のチーム運営に左右されがちです。その点で、介護サービス事業者としても、**早期からサポート医派遣などを手がける地域の認知症疾患医療センターと連携をとって、チームの機能強化に向けた後押しをしていくことが必要**になりそうです。

ケアの進行をスムーズにする医療・介護の専門チーム

認知症初期集中支援チーム
（平成30年4月までに全市町村に配置予定）

「**医療系**」＋「**介護系**」で構成される

認知症サポート医の指導・助言のもと、
認知症の人のいる家庭を訪問

- 早期の受診につなげる
- 家族の相談にのる
- 介護サービスを手配する　など

目的 初期段階での集中支援によって、適切なケアにつなげ、その後の認知症ケアの流れをスムーズにする

地域の認知症疾患医療センターと連携をとり、チームの機能強化を目指すことが必要

現場スタッフの負担軽減にもなる

Point!

地元の事業開始がいつになるのか、核となる機関はどこかという情報を集めて今から連携強化を

PART5　認知症ケアを支える多職種・多資源との連携

新たな多職種連携をどう活かす？②
在宅医療・介護連携事業も新しく実施

地域の医師会が行う研修や相談窓口などを積極的に活用しましょう。

平成30年度までに8つの事業を開始

　地域支援事業の中には、在宅における医療・介護の連携をテーマとした新事業も、やはり平成27年度から随時スタートしています。具体的には、**平成30年4月までに全国の市町村は、以下のような8つの事業を原則としてすべて行うこと**になっています。

　その内容は、①地域における医療や介護の資源をマップ化するなどで、関係機関が情報を共有しやすくする。②医療機関と介護事業者などが連携する際の情報共有シートなどを整える。③在宅医療・介護連携にかかる課題を抽出して、解決を図る。④医療・介護の関係者が連携する際のコーディネーターや相談窓口を設ける。⑤実際に、在宅医療・介護の連携を推進する。⑥多職種連携のための医療・介護関係者を対象とした研修を行う。⑦在宅医療・介護サービスについての住民への啓発を行う。⑧隣接する市町村が連携することで、広域での医療・介護連携も進めていく──という具合です。

認知症ケアの現場での対医療連携機会が増大

　現場で認知症ケアを進める場合、認知症の原因疾患だけでなく、BPSDに影響を与えている持病や現場での服薬管理など、医療・看護などとの連携が大きなポイントとなる課題は少なくありません。昨今は在宅や介護施設・居住系サービスの現場での「看取り」なども増えていて、その場合には、やはり医療・看護などとの連携が重要になります。

　その点を考えたとき、上記の事業における②や④の活用や、⑥の介護スタッフに対する研修などへの参加を積極的に行っていくことが必要でしょう。**これらの事業を手がけるのは各市町村ですが、実際は地域の医師会などに運営が委託されるケースが多い**と思われます。その意味で、地元医師会とのパイプを意識的に築いていくことも必要です。

平成27年度からスタートした新事業

医療・介護の連携をテーマとした8つの新事業

❶ 地域における**医療や介護の資源をマップ化**
❷ 医療機関と介護事業者などの**連携する際の情報共有シート**などを整える
❸ 在宅医療・介護連携にかかる**課題の抽出と解決**
❹ 医療・介護連携時の**コーディネーターや相談窓口**を設ける
❺ **在宅医療・介護の連携**を推進する
❻ **医療・介護関係者**を対象とした研修を行う
❼ 在宅医療・介護サービスについての**住民への啓発**
❽ 隣接する市町村が連携し、**広域での医療・介護連携**を推進する

- BPSDに影響を与える持病や現場での服薬管理
- 介護施設・居住系サービス現場での「看取り」の増加　など

医療・看護と介護の連携の重要性が増す！

PART5　認知症ケアを支える多職種・多資源との連携

Point! 地域には医師会や看護協会などの業界・職能団体がいくつも。相談窓口などを確認しておこう

新たな多職種連携をどう活かす？③
外部の多職種との連携を進めるために

多職種との連携で介護現場として考えたいことは何でしょうか。

利用者の日々の変化に柔軟に対応するために

　ここまで述べたように、平成27年度のさまざまな制度改正により、地域における多職種・多資源連携の機会が大きく広がっています。ただし、そうしたしくみを活かすためには、認知症ケアの現場として「スムーズな連携を果たす」ための工夫が必要です。

　介護サービスを進めるうえでは、通常は利用者を担当するケアマネジャーが多職種連携の窓口となります。しかし、認知症の人の状態は日々変わりやすく、そうした中では**本人の主治医や担当する薬剤師、看護師、リハビリ専門職などと直接やりとりを行う機会も数多く生じます**。そのときに、各専門職から適切なアドバイスなどを受けるためには、それなりのノウハウを現場の中で築いておかなければなりません。

対専門職ごとに情報連携のツールやマニュアルを

　たとえば、適切なアドバイスを受けるためには、利用者のその時々の状態などについて、「相手が求めている情報」をきちんと伝えなければなりません。口頭だけで漠然とした状況を伝えるだけでは、先方も困惑し正しいアドバイスが受けられなくなります。

　そこで、**普段から「主治医向け」「看護師向け」「薬剤師向け」という具合に、情報提供を行うためのマニュアルとシート類を整えておくことが必要**です。

　そのうえで、情報をやりとりする場合のツールとして、電話でOKなのか、メールやFAXがいいのか、あるいは連携のための専用のICTを活用するのかなどを、事前に取り決めておく必要があります。すでに医療・介護連携にかかる事業が進んでいる地域では、ネット上のクラウドで情報をリアルタイムで共有するしくみが整ったりしています。

　もし未整備の場合、認知症ケアの現場から提案していくことも大切です。

広がる多職種・多資源連携に備える

医師	看護師
薬剤師	リハビリ専門職

情報を提供したり
アドバイスを受けたりする

⇔

現場の介護スタッフ

スムーズな連携のための工夫が必要

相手が求める情報をきちんと伝えるために……

- ☑ 普段から情報提供を行うためのマニュアル、シートなどを整えておく
- ☑ 連絡手段（電話、メール、FAX など）を決めておく
- ☑ 専用の ICT を活用、情報をリアルタイムで共有

Point! 連携の基本は「ギブ＆テイク」。「相手がどんな情報を求めているか」をしっかり考えることが第一

地域の多様な資源をデータベースに
連携できる地域資源マップなどを作る

地域資源を一覧・検索できるしくみを現場の財産にしましょう。

かかわる資源を一覧やマップにしておくと便利

　認知症の人の生活を「地域」というフィールドで見ていくと、その人自身にさまざまな資源がかかわっていることがわかります。それは、現場での認知症ケアを進めていくうえで大きな財産であり、その情報を大切にストックすることでケアの質の向上に役立ちます。

　そこで、**日々のケアの中でかかわっていく資源は一覧やマップにしておき、いざという時にすぐ検索できるようにしておくと大変に便利**です。また、利用者の中の「誰」とかかわりの深い資源なのかがわかるようにしておけば、その資源の一覧を整理することにより、その人の「生活の姿」を立体的に見ていくうえでも役立ちます。

まずは利用者と一緒に地域を散歩してみよう

　本人の主治医や担当ケアマネジャー、使っている他の介護事業所などは、すでにデータベース化されていると思われます。利用者が成年後見制度などを使っている場合、後見人が所属する司法書士や弁護士の事務所などもデータベース化しやすいでしょう。

　最寄りの地域包括支援センターや認知症カフェなど、さまざまな場面で頼れる資源というのも、事業所としては日常的に連絡先などの把握できているはずです。

　それらに加えて大切になってくるのは、本人の生活の流れの中での「かかわり」です。いわば、パーソン・センタードの原則の中で浮かび上がる資源もたくさんあります。

　たとえば、利用者と一緒に地域を散歩してみると、認知症サポーター養成を受けた店主がいるという商店や飲食店、公民館などを活動拠点としている生活支援のボランティアグループなど、さまざまな「支え手」を確認することができます。こうして「本人の生活」に沿いながら、資源一覧やマップなどを上積みすることもスタッフの大切な役割です。

ケアの質の向上に役立つ資源マップ

利用者に
かかわっている人の
情報をストックしておく

資源や支え手の情報
- 主治医、ケアマネジャー
- 認知症サポーター養成講座を受けた商店、飲食店
- 公民館の職員
- 地域のボランティアグループ

など

地域資源を一覧マップにしてみよう

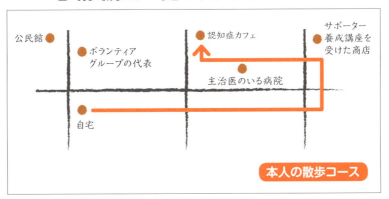

本人の散歩コース

その人の「**生活の姿**」を立体的に見ることができる

Point! 利用者と一緒に地域を散策してみると、「している生活」を支える多様な資源が見えてくる

地域の多様な資源を整理するシート①
〜フォーマルな機関〜

ダウンロード対応

事業所のPC上でデータベース化し、新しく発見した資源があれば、そのつど加筆・更新する。検索しやすいしくみを考えたい

更新日 **2016** 年 **9** 月 **23** 日

種類	機関名	特徴	かかわりのある主な利用者
医療機関	○○○医院(認知症外来・訪問) 連絡先　○○○-○○-○○○	事業所への定期的な訪問検診の協力も	Aさん、Bさん
	○○○病院(内科・外科・泌尿器科) 連絡先		
	○○○歯科医院 連絡先		
訪問看護	○○○訪問看護ステーション 連絡先		
	○○○医院・訪問看護科 連絡先		
権利擁護	○○○司法書士会 連絡先		※個人的に成年後見人などをつけている場合は、別途リストを作成しておく
	○○○社会福祉士会 連絡先		
行方不明などの緊急時	○○警察署 連絡先 ※110番以外の専用番号の有無もチェックしておきたい		
	○○○見守りSOSネットワーク 連絡先		
行政や包括	○○○市役所 連絡先①　介護保険課の番号 連絡先②　高齢者福祉課の番号		
	○○地域包括支援センター 連絡先		
	○○○社会福祉協議会 連絡先		

地域の多様な資源を整理するシート②
～その他の・インフォーマルな機関など～

[ダウンロード対応]

認知症カフェ	○○認知症カフェ 主催団体　NPO法人○○ 場所・連絡先	※開催日などを記入。 「認とも」事業などの 有無も	※よく利用されている人の 名前
	○○認知症カフェ 主催団体　○○○会 場所・連絡先		
ボランティア グループ	【高齢者見守りグループ】 ○○○○会 代表者名・連絡先	※どんな支援が期待で きるのかを具体的に 記入	
	【外出支援】 グループ○○○○ 代表者名・連絡先		
コミセン活動など	【革細工】 ○○○○ 代表者名・連絡先	※利用者の活動参加を 受け入れてくれる所 があれば、リストに加 える	
	【囲碁クラブ】 ○○○○ 代表者名・連絡先	※実費などがかかる場 合は、その旨も記入	
自治会・ 民生委員など	○○○町内会 代表者名・連絡先		※事業所のエリア内の町内 会だけでなく、利用者の 居住地の町内会なども
	民生委員・○○○○さん 連絡先		※特に利用者支援のキー マンとなっている民生委 員がいれば記入
その他（商店など）	※利用者がよく利用していて、認知症対応 に理解がある商店などがあれば、それも社 会資源として記入		

PART5　認知症ケアを支える多職種・多資源との連携

143

認知症の行方不明者が増え続ける中で

　警察庁の発表によれば、平成27年中に認知症が原因で行方不明となった人の数が、1万2,208人にのぼることが明らかになりました。前年比で13％の伸びとなり、調査が始まった平成24年からもっとも高い伸び率となっています。

　ちなみに、行方不明となって1週間以内に所在が確認され、自宅に戻った人は97％ですが、168人は依然として未解決のままです。

　認知症高齢者の増加にともない、今後も行方不明者が増えると予想されるなか、いかに早期発見・保護につなげるかは、認知症施策の大きな課題といえます。

　その支えとなるのが、徘徊・見守りSOSネットワーク事業です。厚生労働省の調査によれば、同事業を実施している地域は616ヶ所で、まだ全体の35.4％に過ぎません。国としては、このネットワーク事業の先進事例などを広報することにより、全国への普及をスピードアップさせようとしています。

　そうしたネットワーク事業の一例として、たとえば福岡県大牟田市での「SOSネットワーク」に加えた「大牟田市ほっと・安心ネットワーク」が注目されています。これは、家族から警察に捜索願いが出されたとして、まずは警察から市役所、消防本部、郵便局、タクシー会社、最寄駅、信用金庫などの関係機関にFAXで行方不明者情報が配信されます。これがSOSネットワークとなります。

　加えて、上記の連絡を受けた市役所（長寿社会推進課）から、今度は地域包括支援センターや社会福祉協議会、そして各校区の民生委員・児童委員会長を通じて校区公民館長、老人クラブ、商店、学校、PTAなどに情報が伝達されます。各校区では、それぞれの体制に応じて日頃から捜索・声かけ訓練が行われており、まさに地域ぐるみで早期発見を目指すというしくみです。

　そのほかにも、自治体によって「靴に貼ることのできる名前入りステッカー」の配布や、町で認知症の人を見かけた場合の声かけや対応などを記したパンフレットの発行など、地域のサポート力を引き出すさまざまな工夫を見ることができます。

巻末資料

・認知症の治療薬
・認知症の相談窓口
・認知症の成年後見制度
・国の認知症施策
・認知症用語集

認知症の治療薬

認知症治療薬って、認知症を治す薬なの？
認知症でもっとも多いアルツハイマー型認知症の場合、中核症状を回復させる治療法はありません。しかし、治療によって症状の進行を遅らせることで本人の不安や混乱を和らげることは可能で、その手段の一つが認知症の治療薬となります

認知症治療薬はどうしたら処方してもらえるの？
主治医（認知症の専門医が望ましい）にきちんとした鑑別診断をしてもらい、そのうえで処方してもらいます。薬なので副作用があったり、適切な服薬がなされないと症状が改善前に戻ったりするので、適切な服薬管理も求められます

認知症治療薬が適用されるのは、アルツハイマー型だけ？
下記の表にあるように、認知症治療薬の一つ「アリセプト」はレビー小体型認知症にも適用されることがあります。ただし、それ以外（脳血管性や前頭側頭型）については、別の治療法が必要となります。やはり鑑別診断が重要になります

■ 中核症状に用いられる主な薬の種類

分類	名称	適応 アルツハイマー型認知症 軽度	中等度	高度	レビー小体型認知症	剤形
アセチルコリンエステラーゼ阻害薬	アリセプト（ドネペジル塩酸塩）	○	○	○	○	内服
	レミニール（ガランタミン）	○	○			内服
	リバスタッチパッチ／イクセロンパッチ（リバスチグミン）	○	○			貼付剤
NMDA受容体拮抗薬	メマリー（メマンチン）		○	○		内服

中核症状に用いられる主な薬の特徴

アリセプト（ドネペジル塩酸塩）

日本で最初に認可された認知症治療薬。アルツハイマー病やレビー小体型認知症で不足するアセチルコリンという記憶や思考にかかわる神経伝達資質の分解を抑え、神経活動を高める

レミニール（ガランタミン）

2011年に発売されたアルツハイマー型認知症薬。アセチルコリンの分解を抑えるほか、ドーパミンの分泌を促進し手の震えを改善したり、神経の情報を伝える物質のはたらきを活性化させ、言語障害が改善しやすいという特徴がある

イクセロンパッチ、リバスタッチパッチ（リバスチグミン）

認知症治療薬の中で唯一の貼り薬。よって、嚥下機能に問題のある人や服薬拒否が強い人にも投与できる。アルツハイマー型認知症の症状の進行を抑制する薬で、アリセプトとレミニールでは阻害できないブチリルコリンエステラーゼ（アセチルコリンを分解する酵素）の働きも同時に阻害できる。

メマリー（メマンチン）

認知症治療薬として唯一、他の中核症状に用いられる薬と併用が可能な薬。中等度〜高度にかけてのアルツハイマー型認知症の治療に多く用いられ、グルタミン酸濃度の上昇を抑え、神経細胞を保護する。記憶障害や判断力低下等の中核症状の進行をゆるやかにする効果がある

巻末資料　認知症の治療薬

薬剤師による訪問指導

　認知症の人の場合、無意識のうちに過剰服薬、間違った服薬方法により体調を悪化させていることが多くあります。そこで薬を正しく飲んでもらうために薬剤師による訪問指導が必要です。薬剤師が関与することで誤薬や副作用の早期発見などのリスクマネジメントが可能となり、きちんと服薬してもらうことにより病状、ADL、QOLを改善・維持することができるのです。
　また、一包化、ピルケースの使用、服薬カレンダーなど、個々人の能力に応じた薬の管理方法も考えてくれます。

認知症の相談窓口

行政

市町村の高齢福祉担当窓口保健所、保健センター
各地域の保健所や保健センターでは認知症にかかる相談にのっている。また、市区町村役場でも認知症施策に力を入れている地域では、専門的な相談にのってくれる

市町村の地域包括支援センター
地域包括支援センターは、地域の高齢者の総合相談、権利擁護や地域の支援体制づくり、介護予防の必要な援助などを行い、地域包括ケア実現に向けた中核的な機関として位置づけられている

都道府県の高齢者総合相談センター
高齢者の方が住み慣れた地域で安心してその人らしい生活を続けられるように、社会福祉士、保健師、主任ケアマネジャーなどの資格を持つ職員が支援を行う

団体

認知症あんないダイヤル (相談e-65.net)
エーザイ株式会社が運営する認知症についての情報サイト。「認知症あんないダイヤル」では、自宅近くの医療機関や地域包括センターを案内してくれる

電話番号 **0120-165-244** (土日祝日も対応 9:00〜21:00)
http://sodan.e-65.net/

公益社団法人 認知症の人と家族の会

全国47都道府県に支部があり、「認知症があっても安心して暮らせる社会」を目指している認知症の本人と家族など、関係者によって構成されている団体。電話相談では、認知症介護の経験者が対応してくれる。また情報交換や勉強会など、家族が集まる場も設けている

電話番号 0120-294-456 （土・日・祝日を除く10:00〜15:00）

http://www.alzheimer.or.jp/

介護支え合い電話相談室（社会福祉法人 浴風会）

介護家族が抱える悩みを、同様な経験をもち、一定の研修を受けた相談員が電話で受け止め、不安の解消を図るとともに、正確な情報提供や地域のネットワークにつなげるなどの支援を行っている

電話番号 03-5941-1038 （祝日を除く月〜木曜日 10:00〜15:00）

http://www.yokufuukai.or.jp/call/

認知症110番（公益財団法人 認知症予防財団）

認知症に関する無料の電話相談を受け付けており、認知症一般の医学的な相談は予約の上、指定の日時に大学の専門医に電話で相談することができる。相談員は介護支援専門員、介護福祉士、臨床心理士、社会福祉士、保健師などの資格を持ち、病院や施設等で働く人たちが務めている

電話番号 0120-654-874 （祝日と年末年始を除く月・木曜日 10:00〜15:00）

http://www.mainichi.co.jp/ninchishou/

認知症の成年後見制度

■成年後見制度の種類

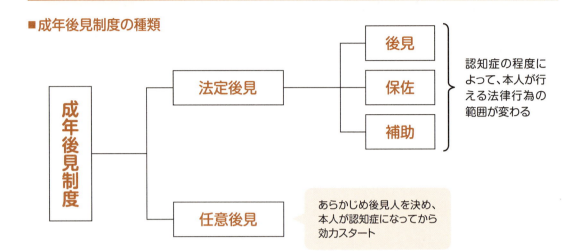

法定後見制度

認知症や知的障害・精神障害などにより、判断能力が不十分な人を対象としている制度であり、家族などの申し立てにより適応される制度

後見人等の日常業務

・通帳や印鑑の預かり管理
・金融機関、役所、年金事務所等へ届け出
・要介護認定の更新
・本人との面談
・裁判所への定期報告　など

特別な業務

・施設との契約、介護サービスの契約
・不動産の処分（売却、賃貸、賃貸借の解除等）
・契約の取り消し　など

任意後見制度

本人の判断能力があるうちに、将来、判断能力が不十分になった場合に備えて、自分が選んだ代理人（任意後見人）に代理権を与える契約を公正証書で結んでおき、必要が生じたときに家庭裁判所の選任する後見監督人の監督のもとで、必要な支援・保護を行う制度

法定後見との違い

・取消権がない
・任意後見人が代理できるのは、契約書に定めた事項のみ
・任意後見は、任意後見監督人を裁判所が選任（発効の際）
・報酬は契約で決める（ちなみに法定後見の場合は、家庭裁判所が決定する）

法定後見開始までの手続き

(1) **申立て**
　本人の住所地を管轄する家庭裁判所に行う。申立ができるのは、本人、配偶者、四親等内の親族及び市町村長など

(2) **審判手続き**
　家庭裁判所で本人の調査が実施される。必要に応じて本人の判断能力の鑑定を裁判所が委託する医師により実施される

(3) **審判**
　申立に対する家庭裁判所からの審判が出される

(4) **告知・通知**
　審判の結果が本人に告知または通知され、併せて成年後見人等として選任された者にも告知がなされる

(5) **確定**
　告知の2週間後に審判が確定される

(6) **嘱託**
　家庭裁判所から法務局に審判内容が通知（嘱託）される

(7) **登記**
　登記ファイルに登記事項を記録される。

任意後見開始までの手続き

(1) 任意後見契約を公正証書により作成
(2) 公証人が「任意後見が契約された」旨を登記
(3) 本人が精神上の障害により財産管理などが十分にできなくなった時に後見開始
(4) 本人、配偶者、四親等内の親族又は任意後見受任者が、家庭裁判所に任意後見監督人選任の申し立てをする。この際に本人が意思表示できる場合には、本人の同意が必要。
(5) 家庭裁判所が任意後見監督人を選任し、選任されたことを登記する
(6) 任意後見契約の効力発生（特定の法律行為を行うことができる）

【参考】市民後見人

今後、親族等による成年後見の困難な者が増加するものと見込まれており、介護サービス利用契約の支援などを中心に、成年後見の担い手として市民の役割が強まる。
市民後見人とは、親族以外の市民による後見人のことで、弁護士などの専門職後見人と同様に家庭裁判所が選任し、判断能力が十分でない方の金銭管理や日常生活における契約などについて本人を代理して行う

巻末資料　認知症の成年後見制度

国の認知症施策

認知症施策推進総合戦略
（新オレンジプラン）

認知症の人の意思が尊重され、できる限り住み慣れた地域のよい環境で自分らしく暮らし続けることができる社会の実現を目指す

七つの柱

1. 認知症への理解を深めるための普及・啓発の推進
2. 認知症の容態に応じた適時・適切な医療・介護等の提供
3. 若年性認知症施策の強化
4. 認知症の人の介護者への支援
5. 認知症の人を含む高齢者にやさしい地域づくりの推進
6. 認知症の予防法、診断法、治療法、リハビリテーションモデル、介護モデル等の研究開発及びその成果の普及の推進
7. 認知症の人やその家族の視点の重視

■新オレンジプランで推進する主なポイント

I 医療・介護等の連携による認知症の人への支援

できる限り早い段階からの支援
- 医療・介護専門職による認知症初期集中支援チームを、2018（平成30）年度までにすべての市町村に配置
- 2015（平成27）年度から初期段階認知症のニーズ調査を実施

医療・介護事業者の対応力向上
- かかりつけ医向けの認知症対応力向上研修を、2017（平成29）年度末までに6万人に実施

| 地域における
医療・介護等の連携 | 連携のコーディネーター（認知症地域支援推進員）を、2018（平成30）年度までにすべての市町村に配置 |

 認知症の予防治療のための研究開発

| 効果的な予防法の
確率 | 2020（平成32）年頃までに、全国1万人規模の追跡調査を実施。認知症のリスクを高める因子（糖尿病等）やリスクを軽減させる因子（運動等）を明らかにし、効果的な予防法の確立を目指す |
| 認知症の
治療法 | 「脳とこころの健康大国実現プロジェクト」に基づき、2020（平成32）年頃までに、日本発の認知症根本治療薬の治験開始を目指す |

 認知症高齢者等にやさしい地域づくり

| 認知症サポーターの
要請 | 正しい知識と理解を持って認知症の方・家族を支援する認知症サポーターを、2017（平成29）年度末までに800万人養成 |
| 認知症の人の
安全対策 | 徘徊等に対応できる見守りネットワークの構築、詐欺など消費者被害の防止等を、省庁横断的に推進 |

成年後見制度利用支援事業

市町村が次のような取り組みを行う場合に、国として交付金を交付する。

(1) 成年後見制度利用促進のための広報・普及活動の実施
　①地域包括支援センター、居宅介護支援事業者等を通じた、成年後見制度のわかりやすいパンフレットの作成・配布
　②高齢者やその家族に対する説明会・相談会の開催
　③後見事務等を廉価で実施する団体等の紹介等

(2) 成年後見制度の利用に係る経費に対する助成
　①対象者：成年後見制度の利用が必要な低所得の高齢者
　　（例）介護保険サービスを利用しようとする身寄りのない重度の認知症高齢者
　②助成対象経費
　　● 成年後見制度の申立てに要する経費（申立手数料、登記手数料、鑑定費用など）
　　● 後見人の報酬の一部等

市民後見推進事業

(1) 市民後見人養成のための研修の実施
　● 市民後見人として活動することを希望する地域住民に、それぞれの地域の実情に応じた研修を行う

(2) 市民後見人の活動を安定的に実施するための組織体制の構築
　● 地域の実態把握や、市民後見推進のための検討会等の実施

(3) 市民後見人の適正な活動のための支援
　● 市民後見人が困難事例等に円滑に対応できるための支援体制の構築
　● 市民後見人養成研修修了者等の後見人候補者名簿への登録から、家庭裁判所への後見人候補者の推薦のための枠組の構築

認知症高齢者等の権利擁護に関する取組の推進

【成年後見制度の普及・利用促進】
成年後見制度利用促進のための広報・普及を行うとともに、低所得の高齢者に係る成年後見制度の申し立てに要する経費や成年後見人等に対する報酬の助成等を行う

【認知症高齢者等の権利擁護に関わる人材の育成とその活動を支援する体制の整備】
市民後見人等の権利擁護人材の養成研修を実施するとともに、権利擁護人材の資質向上のための継続的なフォローアップや専門職からのバックアップがなされる支援体制の構築を推進する

権利擁護人材育成事業等

生活支援員
・介護保険サービス等の利用援助
・日常生活上の金銭管理等の支援

市民後見人（成年後見）
・身上監護に関する法律行為の支援
・財産管理に関する法律行為の支援

判断能力が不十分 → 判断能力を喪失

判断能力の変化に応じた、切れ目のない一体的な支援の確保

【市民後見人育成・活用推進事業】
家庭裁判所の管轄する地域等において広域的に市町村及び関係機関が連携する協議会を設置し、市民後見人の育成及び活用の促進を図る

認知症用語集

BPSD

周辺症状（BPSD）とは、行動・心理症状ともいわれ、症状には、徘徊や弄便、うつ・抑うつが挙げられる。患者個人の性格や置かれている環境が大きく作用するため、症状は多様化し、人によって症状も異なる。支援者が原因を理解し適切な行動をとることで穏やかに生活することが可能になる。

アルツハイマー型認知症

特殊なたんぱく質が溜まり、神経細胞が破壊され死んで減ってしまうために神経伝達ができなくなる。また、これにともない脳の萎縮が進み身体機能も徐々に衰えていく。主な中核症状として記憶障害、判断能力の低下、見当識障害が挙げられ、早期発見と早期治療が求められる。

改訂長谷川式簡易知能評価スケール

一般の高齢者から認知症高齢者をスクリーニングすることを目的に作成され、記憶を中心とした認知機能障害の有無をとらえることを目的としている。質問項目は9問と少なく、5〜10分程度で実施できる。言語性知能検査であるため、失語症や難聴がある場合は別の検査が必要となる。

クロイツフェルトヤコブ病

脳が萎縮して海綿状になり、急速に認知症の症状が進行する中枢神経病。厚生労働省の特定疾患（難病）に指定されている。最初は、疲労感やインフルエンザのような症状が現れる。やがて認知症の症状が見られ、記憶力の低下や、物事を判断できなくなり、病気が進むとともに、失語や失行も現れる。

感情失禁

些細なことで大喜びしたり激怒したりするなど、喜びや怒りなどの感情の起伏が激しくなり、感情のコントロールができないことを指す。情動失禁ともいう。脳血管認知症の患者に多く見られる症状である。また、うつ傾向になりやすく、表情が能面のように乏しくなる場合もある。

軽度認知障害（MCI）

健常者と認知症の中間にあたる軽度認知障害という段階があり、認知機能（記憶、決定、実行など）のうち1つの機能に問題は生じているが日常生活には支障がない状態を指す。MCIの放置は認知機能の低下を招き、認知症へステージが進行するため、早期発見・予防対策が重要である。MCIと診断されても認知症を発症しないこともある。

幻視

実際にはないものが本人には実在するものとして見える症状のこと。レビー小体型認知症の特徴的な症状である。見えるものは患者により異なるが、虫や小動物、人などが多く、それらは動きを伴う。また、「あそこにいる」などと、暗い場所や隙間を指すこともある。

見当識障害

認知症患者によく見られる初期症状の一つである。自分が置かれている状況を認識する能力が低下するため、時間や季節、場所、人がわからなくなり、混乱や不安が大きくなる。また、見当識障害は徘徊や異食などの原因になることもあり、周囲の人は患者から目を離さないといった対応が必要とされる。

若年性認知症

64歳以下の人が認知症と診断されると若年性認知症と呼ばれる。男性の方が発症しやすい。症状には初期段階に記憶障害や見当識障害、判断力の低下、失認などが挙げられる。若年性認知症は高齢者の認知症に比べて進行が早いため、早期発見・早期治療が肝心とされる。うつ病や更年期障害などと間違われることもあり、診断までに時間がかかってしまうケースが多い。

正常圧水頭症（NPH）

脳脊髄液が異常に頭に溜まることで障害を起こす病気。高齢者に多く見られ、認知症と診断された高齢者の5〜10%にこの症状があるともいわれている。常圧水頭症で起こる認知症は、アルツハイマー型などと異なり、治療で改善できる可能性がある。

前頭側頭型認知症

前頭葉と側頭葉の萎縮によって起こる認知症で、若い人でも発症する。患者は、同じ行動を繰り返したり反社会的な行動をしたりと、一般の常識からはずれた行動が多く見られ、精神疾患と誤診される場合もある。患者の日課や環境は安定につながるため、生活環境の維持が求められる。

せん妄

意識障害が起こり、頭が混乱した状態になっていることをいう。体調不良や環境の変化、ストレスなどにより、脳機能が低下しうまく神経を伝えることができにくくなり発症する。せん妄のみの発症は一時的なものであり、回復は可能だとされている。夜になると起こる「夜間せん妄」もある。

多発性脳梗塞

複数の脳血管が血栓や動脈硬化によって詰まることで発症する脳梗塞のことである。四肢の麻痺や意識障害の症状に加え、認知症やパーキンソン病などの機能障害を引き起こす可能性もある。治療は基本的に薬物療法が用いられ、脳血管内の血流をスムーズにする必要がある。

タクティールケア

スウェーデン発祥のタッチケアのこと。肌に触れることによって、癒しホルモンともいわれる「オキシトシン」を分泌させ、精神的不安の解消や、痛覚を抑制することによる痛みの軽減などを促す。認知症患者の中には抵抗を示す人もいるため、相手の心に寄り添うことが重要である。

中核症状

中核症状とは認知症患者に普遍的に現れる症状のことを指し、脳の細胞が壊れることで起こる。具体的には、記憶障害・見当識障害・判断力の障害・高次脳機能障害（失語・失認・失行）が挙げられる。中核症状と患者本人の性格や環境によって、周辺症状が出てくる場合もある。

巻末資料　認知症用語集

脳血管性認知症

脳の血管の病気により脳の細胞に酸素が送られなくなるため、神経細胞が死んでしまい認知症が起こる。徐々に進行するアルツハイマー型に対して、脳血管性認知症は一気に状態が悪化することもある。まだら認知症や感情失禁が起こりやすくなり、元病となる脳梗塞などが再発することも多い。

認知症カフェ

認知症カフェは、認知症患者やその家族、各専門家が集う場として提供され、お互いに交流したり、情報交換したりすることを目的としている。また、情報交換の場としてだけでなく、心のよりどころや地域や社会とのかかわりを持つ場として、認知症の人の外出のきっかけとなっている。

認知症ケア専門士

一般社団法人日本認知症ケア学会が主催する民間資格で、「認知症ケアに対する優れた学識と高度の技能、および倫理観を備えた専門技術士を養成し、わが国における認知症ケア技術の向上ならびに保健・福祉に貢献すること」を目的としている。受験には認知症ケアに関する施設、団体、機関等において、過去10年間の間に3年以上の認知症ケアの実務経験を有することが必要。

認知症地域支援推進員

新オレンジプランで、認知症疾患医療センターを含む医療機関や介護サービス及び地域の支援機関の間の連携を図るための支援や、認知症支援にかかる資源開発を行うことを目的として配置された。平成30年度までに全国の市町村への設置が目指されている。

認知症サポーター

認知症に関する正しい知識と理解をもち、地域や職域で認知症の人や家族に対して、できる範囲の手助けをする人。都道府県や市町村、職域団体などが実施する「認知症サポーター養成講座」を受講した人なら誰でもなれる。平成28年3月末現在で、750万人が養成講座を受けている。

認知症初期集中支援チーム

介護や医療の専門家によるチームであり、専門家が家族や周囲の人からの訴えを受け認知症が疑われる人を訪問し、診断やサポートを行う。支援期間は最長6ヶ月であり、その後はケアマネジャーや主治医がサポートする。平成30年度までに全国の市町村への設置が目指されている。

認とも

厚生労働省が地域で認知症の高齢者を支援する体制の充実に向けて、認知症カフェで高齢者と信頼関係を築いているボランティアが、認知症の人の居宅を訪問して一緒に過ごすという「認とも」の普及を目指している。高齢者の見守りの機能を果たすことも目的としている。担当するボランティアには何らかの研修を受けていることなどの条件を課すよう指導する方針である。

パーソン・センタード

認知症患者を一人の人として尊重し、その人の視点や立場に立って理解しケアを行おうとする認知症ケアの考え方。脳の障害に加え、「健康状態」「生活歴」「性格」「社会心理学」の要素を考慮する。患者を注意深く観察し状態を見極め、その人に応じたケアを行い、ケアが一方的な押しつけにならないことが重要だとしている。

バリデーション

「共感して接すること」に重点を置いており、アメリカのソーシャルワーカーであるナオミ・フェイルが開発したコミュニケーション技法の一つ。認知症の人が騒いだり、徘徊したりすることにも「意味がある行動」として捉え、なぜそのような行動をとるのか、その人の歩んできた人生に照らして考えたり、共に行動したりする療法。

不穏状態

認知症患者は感情と結びつく記憶をつかさどる「偏桃体」という部位が敏感に反応するため、不穏・攻撃的な態度をとることがある。周囲の対応の仕方によっても症状の出方に違いが生じたり行動・心理症状が急速に悪化したりすることもあるので、感情的でなく冷静な対応が求められる。

見守りSOSネットワーク

高齢者（認知症患者も含む）が行方不明になることを未然に防ぎ、患者やその家族を地域で支えるための住民ネットワーク。全国各地の自治体や警察、支援団体などが連携して構築している。認知症の啓発や地域づくりにも貢献しており、行方不明者の早期発見や予防に努めている。

物盗られ妄想

本人がどこかにしまい忘れた通帳や財布などを「誰かが盗んだ」などと思い込むこと。そこから妄想が進み「盗んだに違いない」と家族などを責め立てるなどといった行動が見られる。否定したり説得させることはかえって本人の不信感を助長させたりするので、まずは訴えを理解し共感する態度で接することが大切。

弄便（ろうべん）

弄便とは、便というものを理解できなかったり、処理に戸惑うことにより、手で丸めたり、口に入れてしまったりすること。弄便は繰り返される場合が多く、後始末や便の臭いなどで介護をしている家族が精神的に追い込まれてしまうこともある。

ユマニチュード

認知症患者と一人の人間として向き合うことから生まれる認知症ケアのこと。「見る」「話しかける」「触れる」「立つ」の4つの基本柱を組み合わせて行い、介護者との信頼関係を強め患者の不安や恐怖を和らげることを目的とする。患者の反応をしっかりと見て行うことが重要である。

レスパイト

レスパイトとは、息抜き、休息を意味する英語（respite）である。そこから派生して「レスパイトケア」や「レスパイトサービス」という言葉が生まれた。レスパイトケアとは、要介護者を在宅でケアしている家族の精神的疲労を軽減するためにケアの代替を行うサービスのことである。日本ではショートステイが代表的なものとされ、最近では医療保険で入院を受けられる「レスパイト入院」の制度を持つ病院もある。

レビー小体型認知症

レビー小体がたくさん集まる脳の大脳皮質や脳幹で神経細胞が壊れ減少することによって起こる認知症である。初期段階では物忘れよりも幻視が多く見られ、パーキンソン病やうつ病のような症状も見られる。アリセプトというアルツハイマー型認知症に使われている薬が有効とされる。

巻末資料　認知症用語集

[著者プロフィール]

田中 元（たなか・はじめ）

昭和37年群馬県出身。介護福祉ジャーナリスト。立教大学法学部卒業。出版社勤務後、雑誌・書籍の編集業務を経てフリーに。主に高齢者の自立・介護等をテーマとした取材、執筆、ラジオでのコメンテーター、講演等の活動を精力的に行っている。『ケアマネジャー』（中央法規出版）などに寄稿するほか、著書に、『介護事故・トラブル防止完璧マニュアル』『図解 2015年介護保険"大転換"で「現場の仕事」はこう変わる！』『大逆転！ デイサービスで成功する新発想法』（ぱる出版）、『現場で使える新人ケアマネ便利帖』『現場で使えるサービス提供責任者便利帖』（翔泳社）など。

装　丁	mill design studio
カバーイラスト	江田ななえ（http://nanae.or.tv）
本文イラスト	フクモトミホ
本文デザイン・DTP	竹崎真弓　佐々木佑樹（Loops Production）、西山陽子
編　集	金丸信丈　本宮鈴子（Loops Production）

現場で使える 認知症ケア便利帖

2016年7月20日　初版第1刷発行

著　者	田中 元
発行人	佐々木 幹夫
発行所	株式会社 翔泳社（http://www.shoeisha.co.jp）
印刷・製本	日経印刷 株式会社

©2016 Hajime Tanaka

本書は著作権法上の保護を受けています。本書の一部または全部について（ソフトウェアおよびプログラムを含む）、株式会社 翔泳社から文書による許諾を得ずに、いかなる方法においても無断で複写、複製することは禁じられています。

本書へのお問い合わせについては、2ページに記載の内容をお読みください。

造本には細心の注意を払っておりますが、万一、乱丁（ページの順序違い）や落丁（ページの抜け）がございましたら、お取り替えいたします。03-5362-3705までご連絡ください。

ISBN978-4-7981-4664-5　　　　　　　　　　　　Printed in Japan